Dans l'histoire inoubliable qu'est le mythe de la caverne, Platon raconte comment l'homme peut accéder du monde des ombres au monde lumineux, baigné de soleil, qui se trouve à la sortie de la caverne. Les hommes sont prisonniers dans l'obscurité souterraine, et ils sont invités à marcher vers la lumière, vers la vraie vie. Voilà qui paraît tout simple. Mais Platon ajoute aussitôt :

> Et si quelqu'un tente de les délier et de les conduire en haut, et qu'ils le puissent tenir en leurs mains et tuer, ne le tueront-ils pas[1] ?

L'aimable histoire de la caverne devient plus grave, et elle nous aide peut-être à voir combien il est difficile d'entendre parler du Ciel, d'entendre parler de la vie après la mort. Le Ciel promis par Dieu est effectivement ce monde merveilleux dont notre vie ici-bas n'est qu'une ombre. Mais si nous acceptons, sérieusement, de considérer qu'il y a un Ciel, qu'il y a un monde meilleur promis par Dieu, qu'il y a une vraie vie après la mort, alors cela change tout dans notre façon de vivre aujourd'hui. Et ce peut être si pénible, que nous refusons d'entendre. Car alors tout devient relatif à cette vie promise, à ce Ciel promis. Ce qui paraît important et qui nous occupe tellement aujourd'hui n'est alors plus si important.

---

[1] PLATON, *La République*, VII, 516b-517b, GF Flammarion, Paris, 1966, p. 275.

Je vous le dis, frères : le temps se fait court. Que désormais ceux qui ont femme vivent comme s'ils n'en avaient pas ; [30] ceux qui pleurent, comme s'ils ne pleuraient pas ; ceux qui sont dans la joie, comme s'ils n'étaient pas dans la joie ; ceux qui achètent, comme s'ils ne possédaient pas ; [31] ceux qui usent de ce monde, comme s'ils n'en usaient pas vraiment. Car elle passe, la figure de ce monde (I Co 7, 29-31).

La figure de ce monde passe, cette vie passe pour une vie plus réelle, pleine et entière, éternelle, Jésus n'est pas venu pour nous donner une manière de mieux vivre ici-bas : il est venu pour nous montrer le chemin de la vie qu'on atteint en traversant la mort.

Frère Jean-Raphaël de la Croix glorieuse, o.c.d.
Fribourg

Dossier

La vie après la mort

Lectio : Vivre après notre mort

Ars moriendi. L'art de vivre commence avec l'art de mourir

Qu'en est-il de l'âme séparée ?

Notre mère, la poussière de la terre

La mort et l'au-delà dans le mystère de la communion des saints,
selon sainte Thérèse de Lisieux

Celui qui ne réfléchit pas s'est imaginé
qu'ils étaient morts ;
leur départ de ce monde a passé pour un malheur ;
quand ils nous ont quittés, on les croyait anéantis,
alors qu'ils sont dans la paix.

Sg 3,2-3

Vivre après notre mort

Quelle vie après la mort ? Pour les anciens, comme pour nos contemporains qui pensent qu'il n'existe aucune vie possible hors du corps de chair, la question porte en elle-même une forme de contradiction : la vie est *avant* la mort, pas *après*. Les fils d'Israël ont longtemps partagé cette conviction. Après la mort, l'homme rejoint un sombre séjour où il se trouve séparé de Dieu. Comme l'exprime le psalmiste du Ps 88, Dieu « perd le souvenir » de « ceux qui descendent dans la fosse ». Là « ils sont coupés de toi » (vv. 4-6).

> « Les trépassés se lèveront-ils pour te célébrer ?
> Dans la Tombe peut-on dire ta fidélité,
> et dans l'Abîme dire ta loyauté ?
> Ton miracle se fera-t-il connaître dans les Ténèbres,
> et ta justice au pays de l'Oubli ? » (vv. 11-13)

L'aspect de la mort le plus effrayant n'est donc pas le « mourir », mais le fait que dans la mort, l'homme n'est plus en relation avec Dieu. Comment le comprendre, alors que YHWH est supposé tout maîtriser et tout connaître ? Une mentalité contemporaine répondra : car les Israélites avaient bien réalisé qu'après la mort, le corps disparaît et la personne avec. Mais d'une part ce n'est pas exactement le sens des textes qui supposent plutôt une forme d'existence, même si elle est souterraine et ténébreuse. D'autre part, la plupart des religions anciennes avaient leurs conceptions d'une existence outre-mort, que ce soit en Égypte, chez les Grecs et les Hittites ou dans les civilisations du bassin mésopotamien. Dans toutes ces cultures, le domaine des morts est sous la domination d'un dieu (ou d'une déesse). À partir du moment où la foi en un seul Dieu s'impose en Israël, il ne peut être question d'une divinité régissant ce monde souterrain qui, dès lors, demeure couvert d'une ombre épaisse.

En Israël, cette « fosse » a reçu un nom : c'est le schéol, où dorment les morts sans plus aucune des distinctions qui caractérisent toute société (cf. Jb 3,17-18). Dans ce séjour, les morts ne sont plus que des ombres, ils sont sans force (cf. Is 14,10-11), dépouillés de ce qui faisait leur statut ou leur dignité sur terre. Ils y sont muets (cf. Ps 31,18 ; 94,17 ; 115,17). Tout culte des morts est proscrit et toute consultation de l'esprit des défunts (nécromancie) interdite : YHWH est le Dieu de la vie, il est le Dieu des vivants et, pourrait-on penser, d'eux seuls.

Mais Israël ne pouvait rester indéfiniment dans ce vide théologique. Car si Dieu est créateur de tout ce qui est, et qu'il n'y a pas d'autre Dieu, comment un lieu , fût-il celui des morts, pourrait-il lui échapper ? D'autre part, le don de leurs vies, pour la cause d'Israël et de son Dieu, d'hommes et de femmes encore jeunes ne pouvait qu'alimenter l'espérance qu'au-delà de la mort, Dieu n'oublie pas ses fidèles. C'est ainsi que naquit et se développa la foi en une résurrection des morts, conjointement à celle d'un jugement dernier. Un texte du livre de Daniel l'exprime clairement :

> « En ce temps-là se dressera Michel, le grand Prince, lui qui se tient auprès des fils de ton peuple. Ce sera un temps d'angoisse tel qu'il n'en est pas advenu depuis qu'il existe une nation jusqu'à ce temps-là. En ce temps-là, ton peuple en réchappera, quiconque se trouvera inscrit dans le Livre. Beaucoup de ceux qui dorment dans le sol poussiéreux se réveilleront, ceux-ci pour la vie éternelle, ceux-là pour l'opprobre, pour l'horreur éternelle. Et les gens réfléchis resplendiront, comme la splendeur du firmament, eux qui ont rendu la multitude juste, comme les étoiles à tout jamais. » (Dn 12,1-3)

Le second livre des Maccabées l'atteste encore (2Mac 7,7-9.22-23), mais ces quelques textes ne donnent pas vraiment d'information sur la forme que peut prendre cette vie de ressuscité, avant ou après le Jugement. Il semble qu'on soit plus proche d'une réanimation des corps qui peuvent, comme l'exprime par exemple Matthieu, rentrer en ville rejoindre les vivants (Mt 27,52-53). Il en va de même dans les trois récits de « résurrection » que nous rapportent les évangiles : un jeune homme à Naïn (Lc 7,11-17), la fille de Jaïre, chef de synagogue (Mt 9,18-19.23-25 ; Mc 5,22-24.35-43 ; Lc 8,40-42.49-56), enfin Lazare en Jn 11. Les deux premiers sont tenus pour morts, mais le contexte donne à penser qu'ils ne le sont pas vraiment. Le cas du troisième est différent puisqu'il est mort depuis trois jours, et son corps sent déjà… Méditer ce dernier texte aurait ici sa place, mais nous préférons écouter ce que nous dit un autre passage de l'Écriture qui prend à bras le corps la question de la vie au-delà de la mort, à la résurrection : il s'agit d'un long passage de la première épître de l'apôtre Paul aux Corinthiens (ch. 15).

« Comment les morts ressuscitent-ils ? Avec quel corps reviennent-ils ? » (v. 35). C'est une question que se posent les Corinthiens, prolongeant notre question de départ : s'il peut donc y avoir une vie après la mort, de quelle vie s'agit-il ? Pour recueillir ce que Dieu nous dit par l'apôtre, il faut lire l'ensemble de ce chapitre, pas uniquement la partie qu'introduit cette question. Paul part de l'annonce primordiale du passage par le Christ de la mort à la résurrection : c'est le kérygme, qu'il reconnaît avoir reçu (vv. 1-4). Cet Évangile est prolongé par une liste des personnes à qui le Christ ressuscité s'est manifesté, en finale de laquelle Paul se place, « moi, l'avorton que je suis » (v. 8). Cette dernière expression marque bien qu'avant cette révélation personnelle et malgré les apparences, l'apôtre n'était pas vraiment né : il se croyait puissant, il n'était encore qu'un fœtus en passe de mourir ! Ce qu'il est à présent, il le doit « à la grâce de Dieu », une « grâce qui n'a pas été vaine » (v. 10). Comme il le dira ailleurs : « vivre pour moi, c'est Christ » (Ph 1,20). C'est de ce lieu-là où il se sent vraiment et pleinement vivant que parle Paul. Si vivre, c'est le Christ, alors on peut ne pas être authentiquement né au monde de Dieu tant qu'on l'ignore et on continue à vivre au-delà de la mort si on demeure avec et en Christ. Pour l'heure, il conclut cette partie : « voilà ce que nous proclamons et ce que vous avez cru » (v. 11).

Il s'affronte ensuite au doute que certains opposent à la foi en une résurrection des morts. Paul leur dit en substance : si vous croyez que Christ est ressuscité, alors il doit y avoir une résurrection pour tous les morts. Nos contemporains feraient plutôt le raisonnement inverse : s'il n'y a pas de résurrection des morts, alors Jésus ne peut pas être ressuscité, c'est une vue de l'esprit ou une forme de crédulité. L'apôtre se place au sein de la foi et va même en son cœur : la résurrection du Christ (à laquelle vous croyez) est « prémices » d'une résurrection pour tous ! À partir du v. 21, Paul pose un fondement anthropologique majeur : si tous les hommes meurent « en Adam », c'est-à-dire dans leur humanité mortelle, « en Christ tous recevront la vie » (v. 22). L'existence humaine ne se réduit donc pas à sa dimension physique, l'homme reçoit une autre forme de vie, spirituelle celle-là. Mais avant d'y venir, Paul assure que la mission du Christ est précisément de donner cette vie éternelle à tous ceux que le Père lui a remis. Ce n'est pas sans combat, car il y a des ennemis à abattre pour assurer la victoire définitive : « toute Autorité, tout Pouvoir, toute Puissance » (v. 24), finalement la mort elle-même.

Puis l'apôtre en vient à la question de la forme de vie que le chrétien peut espérer après la mort. Il propose d'emblée une image bien connue des traditions juives (traité *Sanhédrin* 90b) et chrétiennes (cf. Jn 12,24 ; I Clément 24,4-5), issue du monde agricole : « ce que tu sèmes ne prend vie qu'à condition de mourir » (v. 36). « Un grain nu, de blé ou d'autre chose » reçoit de Dieu un corps, et chaque corps diffère selon les espèces. Cela établi, Paul dévoile le sens de l'allégorie :

> « Semé corruptible, on ressuscite incorruptible ; semé méprisable, on ressuscite dans la gloire ; semé dans la faiblesse, on ressuscite plein de force ; semé corps animal, on ressuscite corps spirituel. S'il y a un corps animal, il y a aussi un corps spirituel. » (vv. 42-44)

Le corps qui ressuscite n'est donc pas le corps physique qui pourrit en terre, c'est le corps spirituel qui ressuscite. De la même façon que le grain devient plante (ou épi, ou arbre, etc.), il garde l'identité de l'être tout en changeant totalement de forme. De plus, la graine a naturellement vocation à devenir plante, elle ne s'accomplit que lorsqu'elle l'est devenue. Mais l'image a ses limites : de la graine à la plante, on ne change pas de nature, alors que pour passer du corps animal au corps spirituel, il faut une transformation qui ne peut venir que de Dieu : ce n'est pas l'effet d'un processus autonome. D'une certaine façon, c'est une nouvelle création dont il s'agit : dans la première « nous avons été à l'image de l'homme terrestre », par la seconde et définitive, « nous serons aussi à l'image de l'homme céleste » (v. 49). Le facteur permanent est le « nous » : nouvelle vie, oui, mais pas dans un être différent qui ne serait plus nous.

C'est par « le dernier Adam », c'est-à-dire le Christ, que la vie (éternelle) est donnée (cf. v. 45). Si le premier Adam a reçu et donné la vie (physique) le dernier Adam donne la vraie vie, spirituelle et céleste c'est-à-dire divine. On comprend ici pourquoi Paul est parti de la résurrection du Christ car c'est lui qui, ressuscité, donne la vie aux autres hommes. « Par la vertu de la résurrection, il a le pouvoir, en tant qu'esprit donnant la vie, de garantir aux humains une vie éternelle dans un corps spirituel » (Michel Quesnel). Si nous sommes finalement mal renseignés sur la forme précise du corps spirituel qui nous attend au-delà de la mort du corps physique, nous savons que nous serons alors plongés au cœur de la vie trinitaire. Nous serons célestes, avec Dieu, avec le Christ pour toujours et irrigués de la vie de l'Esprit. Le péché ne nous affectera alors plus, lui qui est l'aiguillon de la mort (v. 56). Cette dernière notation corrobore une constante de la pensée paulinienne : par la foi, l'homme peut dès maintenant être libéré du péché, vivre entièrement pour Dieu de la vie qui n'a pas de fin. Il n'est pas seul à confesser cette foi. Dans l'évangile de Jean, Jésus l'affirme :

> « En vérité, en vérité, je vous le dis, celui qui écoute ma parole et croit en celui qui m'a envoyé, a la vie éternelle ; il ne vient pas en jugement, mais il est passé de la mort à la vie. En vérité, en vérité, je vous le dis, l'heure vient – et maintenant elle est là – où les morts entendront la voix du Fils de Dieu et ceux qui l'auront entendue vivront. » (Jn 5,24-25)

Pour le croyant, la mort n'est alors plus qu'un passage vers une plénitude de vie dont toutes les expériences de vie selon l'Esprit lui ont déjà donné un avant-goût. Mais ce mystère n'est accessible qu'à partir de la foi :

> « Celui qui nous a formés pour cet avenir, c'est Dieu, qui nous a donné les arrhes de l'Esprit. Ainsi donc, nous sommes toujours pleins de confiance, tout en sachant que, tant que nous habitons dans ce corps, nous sommes hors de notre demeure, loin du Seigneur, car nous cheminons par la foi, non par la vue… » (2 Co 5,5-7)

Terminons par cet extrait de la 6e préface pour dimanche du Missel romain, parfait écho de la pensée de Paul :

« Dans cette existence de chaque jour que nous recevons de ta grâce, la vie éternelle est déjà commencée : nous avons reçu les premiers dons de l'Esprit par qui tu as ressuscité Jésus d'entre les morts, et nous vivons dans l'espérance que s'accomplisse en nous le mystère de Pâques. »

Abbé Jean-Michel Poirier

Institut Catholique de Toulouse

Le chemin de l'Espérance

Les égarés, ceux qui ne savent où ils vont, marchent sans espoir. L'homme qui s'avance vers son but, espère. Tu vas à la rencontre de ton Dieu, le Seigneur miséricordieux qui t'attend et comblera tous tes désirs.

Pour ceux qui ignorent quelle est leur destinée, le moment de la mort est un moment de désespoir, le moment où disparaissent les plaisirs de la vie, la fortune et les amis. Au-delà, ils ne perçoivent qu'obscurité, néant et effondrement.

Pour toi, au contraire, au bout du chemin de l'Espérance, luit une grande lumière.

(...) On entend partout la même plainte : « La vie s'en va ! » Il faut, au contraire, te réjouir et proclamer : « Le bonheur espéré et le retour du Christ Jésus sont tout proches. »

On dit aussi : « Chaque jour nous rapproche de la tombe. » Tu devrais t'exprimer ainsi : « Chaque jour est un pas de plus dans la direction du Paradis. »

Ce que, dans le monde, on appelle « la mort », tu l'appelleras « la vie ». Ce que l'on nomme le dernier soupir est, en réalité, une vie nouvelle. Ce qui, pour le monde, passe pour une fin, est en réalité le « commencement ».

Que ta lampe reste allumée en attendant le retour du Christ, comme le Seigneur le veut, où il veut et au moment où il le désire.

Lorsqu'ils apprennent l'arrivée de leurs parents, les petits pensionnaires, sans regret, laissent là toutes choses et accourent auprès d'eux. Ne t'attache à rien en cette auberge du monde.

Alors que tu sais pertinemment que ce monde n'est qu'un lieu de passage, pourquoi donc essayer d'acquérir tel poste ou tel titre, regretter un bureau ou une chaise ? Crois-tu les emporter avec toi au Paradis pour en jouir éternellement ? Quelle absurdité !

Il est une prière qui devrait donner confiance aux enfants de Dieu. Mais, parce qu'elle nous est trop familière, son sens nous échappe : « Toi qui vis et règne pour les siècles des siècles. »

Cardinal François-Xavier NGUYEN VAN THUAN, *Sur le chemin de l'espérance*, Jubilé (Paroles de lumière), Paris, 1991, p. 125-126.

Ars moriendi
L'art de vivre commence avec l'art de mourir

Proposer de nos jours une telle réflexion est plutôt osé, pour ne pas dire déplacé ! En effet, actuellement la mort est à ce point cachée et refoulée qu'il nous est devenu tout bonnement « impensable »… de penser la mort ou de penser la manière de se préparer à la mort. Désormais, pour nombre de contemporains, et même parmi les catholiques, le scénario idéal d'une fin de vie consiste à mourir sans se voir mourir. Comment, dans un tel bain culturel, redécouvrir ce qu'il y a d'éminemment positif dans l'*ars moriendi*, dans l'art du bien mourir ? Comment l'art de se préparer à la mort se situe au fondement de tout art de vivre ? Comment seule la perspective de l'au-delà permet de vivre pleinement l'ici-bas ? C'est ce à quoi nous voudrions répondre dans ces quelques lignes.

Le refus de la mort, c'est mortel !

Alors que pendant des siècles la mort faisait partie de la vie – « sentant sa mort prochaine, un laboureur fit venir ses enfants et leur parla sans témoins » – voici qu'à partir de la moitié du vingtième siècle, la mort va progressivement être cachée, niée : « C'est un phénomène en réalité absolument inouï. La mort, si présente autrefois, tant elle était familière, va s'effacer et disparaître. Elle devient honteuse et objet d'interdit », écrit Philippe Ariès, spécialiste de la mort en Occident[1]. La grande illusion contemporaine consiste à s'imaginer qu'on peut éliminer la mort en éliminant la pensée de la mort. En son temps, Pascal a très bien pointé ce travers :

> « Les hommes n'ayant pu guérir de la mort, de la misère, de l'ignorance, ils se sont avisés, pour se rendre heureux, de n'y point penser. Nous courons sans souci dans le précipice, après avoir mis quelque chose devant nous pour empêcher de le voir[2]. »

Un tel refoulement de la mort est bien loin d'être neutre pour les individus et les sociétés : lorsque la mort est cachée et niée, la vie devient « mortelle » ! Il est en effet un principe fondamental de vie pour qui veut goûter à un minimum de joie et d'harmonie au cours de son existence, c'est l'acceptation du réel, le fameux principe de réalité. À l'inverse, le refus de la réalité – à savoir que la mort fait partie de la vie – est source d'illusion et d'épuisement. Cela génère une culture de mort, des angoisses sourdes, une mentalité dépressive, une dévalorisation de la vie et au final un désamour de la vie : « Ce qui est vraiment morbide, dit encore Philippe Ariès, ce n'est pas de parler de la mort, mais de se taire à son sujet, comme on le fait aujourd'hui. » Le psaume 90 (verset 2) est donc très réaliste lorsqu'il invite à prier en

---

1 Philippe Ariès, *Essais sur l'histoire de la mort en Occident*, Paris, Éd. Seuil-Histoire, 1977, p. 67.

2 Blaise Pascal, *Pensées* 168 et 183.

ces termes : « Dieu, fais-nous savoir comment compter nos jours, que nous venions de cœur à la sagesse. »

Ce fondement étant posé, nous voudrions maintenant proposer un petit *vade-mecum* de l'*ars moriendi*, l'art de se préparer à la mort, cela afin de mieux goûter la vie.

La première confrontation à la mort d'un être cher est décisive

Nous ne prenons véritablement conscience de notre propre mort que lorsque survient la mort d'un être cher. Quiconque pleure la mort d'un être cher, pleure du même coup sur sa propre mort, il la « réalise », la rend pleinement présente et consciente à lui-même. Évoquant la mort de sa maman, saint Augustin confesse : « J'ai pleuré… à cause d'elle et pour elle, à cause de moi et pour moi. » S'il en est ainsi, nous devrions bénir le jour où, pour la première fois, nous avons été confrontés de près à la mort d'un être aimé. Certes une telle expérience ne se vit pas sans larmes, mais n'est-ce pas aussi le moment du déchirement de la chrysalide de l'enfance qui permet à l'homme d'accéder à la pleine maturité ? Cela faisait dire à André Malraux :

> « La pensée de la mort est la pensée qui rend homme. Il faudrait fêter le jour où, pour la première fois, on a réfléchi à la mort, parce que c'est le jour qui marque le passage à la maturité. L'homme est né quand, pour la première fois, il a murmuré devant un cadavre : pourquoi[3] ? »

---

[3] Cité par André Daigneault, *Le long chemin vers la sérénité*, Éd. de l'Emmanuel, p. 229.

« Veillez » dès maintenant

Le temps de nos journées et de nos années défile inexorablement, puis vient un instant à compter duquel le temps ne sera plus – *O momentum a quo non est tempus,* dit saint Augustin. L'attitude la plus intelligente et la plus sage est donc de se préparer à ce moment ultime avec un cœur de veilleur : « Voici que je viens comme un voleur : heureux celui qui veille » (Ap 16,15). Essayons de définir plus précisément en quoi consiste cette veille de la venue de Dieu au soir de notre vie.

– *Vigilance de chaque jour.* Le Christ invite à nous tenir sur nos gardes comme si chaque jour vécu pouvait être le dernier jour. Le frère Charles de Foucauld avait inscrit ces mots dans sa sacristie de Beni Abbès : « Vis aujourd'hui comme si tu devais mourir martyr ce soir. » Ainsi était-il tout à fait prêt lorsque son Seigneur vint le chercher au soir du 1er décembre 1917, quand on lui mit une balle dans la tête. Chacun d'entre nous devrait se lever chaque matin avec cette pensée : « Peut-être est-ce aujourd'hui que tu vas venir me chercher, Jésus ? »

– *Vigilance amoureuse.* Notre société n'est pas à une contradiction près, elle soupçonne l'Église qui invite à la vigilance à propos de la mort, mais elle plébiscite certains tubes du « top 50 » qui en parlent explicitement. Mentionnons seulement la chanson de Pascal Obispo, *Mourir demain,* co-interprétée avec Natasha St-Pier :

> « Si on devait mourir demain / Qu'est-ce qu'on ferait de plus / Qu'est-ce qu'on ferait de moins / Si on devait mourir demain / Moi, je t'aimerai… moi, je t'aimerai… Je t'aimerai. »

Le monde aurait donc toute latitude pour parler de vigilance d'amour et l'Église devrait se taire, et taire les mots mêmes de son Maître qui invite à veiller avec amour dans l'attente de la rencontre ? Sainte Thérèse d'Avila, cette grande « amoureuse » de notre Seigneur, laissa échapper ces mots au soir de sa vie :

> « Jésus, mon époux et Seigneur ! L'heure désirée est venue. Il est temps de nous voir, mon Aimé, mon Seigneur[4]. »

– *Vigilance insouciante* de l'enfant. Pour l'exercice de cette vigilance, n'hésitons pas à cultiver une certaine insouciance, propre à l'enfance spirituelle, à l'image d'un saint Louis de Gonzague. À un professeur qui lui demandait, « si nous apprenions que c'est maintenant le jugement dernier, que ferions-nous ? », saint Louis de Gonzague, qui vivait sereinement en Dieu, répondit : « Moi, je continuerais à jouer à la balle ! »

« Veillez » à l'heure de notre mort

« Mon Père, je dois être un mauvais chrétien, car j'ai peur de la mort. » La peur de la mort n'est pas forcément le signe d'une confiance défectueuse en Dieu et en ses promesses de vie éternelle. Dans la balance, le poids de la psychologie pèse parfois, autant, sinon plus que la foi. Un tempérament anxieux et pessimiste sera davantage porté à l'angoisse vis-à-vis de sa propre mort qu'une nature plus forte et résolument optimiste. Le lecteur sera peut-être surpris, ou pour le moins rassuré, de savoir que

---

[4] Cité par Marcelle AUCLAIR, *La vie de sainte Thérèse d'Avila*, Éd. du Seuil, (1950), pp. 467-468.

certains saints n'ont pas échappé à l'angoisse à l'heure de la mort. Sainte Bernadette, par ailleurs tellement comblée par le Ciel et la très sainte Vierge, n'était plus, sur son lit de malade qu'une plainte muette, on ne percevait sur ses lèvres qu'un seul murmure : « J'ai peur[5]... »

Lorsque le Christ est venu nous sauver de la mort, il a tout pris en compte, il a porté la mort mais aussi l'angoisse de la mort : « Il commença à ressentir effroi et angoisse » (Mc 14,33). L'angoisse de la mort, et pas seulement la mort, ont donc été rachetées dans le Christ : « La peur est tout de même la fille de Dieu, rachetée la nuit du Vendredi Saint », écrit magnifiquement Bernanos[6]. Demandons la grâce de déposer dans le Christ notre peur de la mort, car il est le Rédempteur de notre mort et de notre peur de la mort.

Le docteur Vittoz, dont la thérapie est si bénéfique auprès de tant de personnes douloureuses, enseigne qu'il « n'y a rien d'absolument insupportable dans le présent. » Si un thérapeute a le droit de parler ainsi, le fidèle du Christ, qui expérimente combien Dieu le porte à chaque instant, devrait-il taire les bienfaits d'une spiritualité de l'instant présent dans le cadre de l'*ars moriendi* ? Trois balises sur ce chemin.

– *Ne pas imaginer sa mort à l'avance.* Penser, à l'avance et avec angoisse, notre propre mort est non seulement déraisonnable mais c'est tout simplement inutile. En effet, le scénario réel des circonstances et des souffrances

---

5 Marcelle Auclair, *Bernadette*, Éd. Bloud et Gay, p. 179.

6 Bernanos, *La joie*, Éd. Pléiade, p. 675.

éventuelles de notre mort ne sera jamais exactement comme nous pouvons l'imaginer au préalable. De plus, si notre imagination est particulièrement fertile à se représenter des scénarios-catastrophes futurs, elle est bien incapable de penser à l'avance la Grâce, la force divine qui ne nous sera donnée qu'au moment où nous en aurons besoin. La finale du *Je vous salue Marie* invite à prier ainsi : « Prie pour nous, *maintenant et à l'heure de notre mort.* » Cette insistance sur ces deux moments décisifs nous enseigne que si la Vierge Marie et l'Esprit Saint nous sont donnés en cet instant présent, ils nous seront aussi donnés et avec une puissance particulière lors de notre dernier combat.

– *S'appuyer sur les promesses du Christ.* Le Christ est si bon qu'à travers certains de ses amis les saints il nous fait des promesses pleines d'espérance et de paix. Qu'en faisons-nous ? Pensons, entre autres, aux promesses que le Christ miséricordieux lance au monde par l'intermédiaire de sainte Faustine :

> « Ma fille, incite les âmes à dire ce chapelet que je t'ai donné [...] Lorsque les pécheurs endurcis le réciteront, j'emplirai leur âme de paix et l'heure de leur mort sera heureuse. Écris cela pour les âmes affligées[7]. »

– *Vivre l'instant présent.* La petite Thérèse est une maîtresse de vie à l'heure de la mort. Prenons tout d'abord la mesure des souffrances qu'elle a vécues à cause de la terrible tuberculose. Elle confie :

> « Ah ! Si je n'avais pas la foi, je ne pourrais jamais supporter tant de souffrances. Je suis étonnée qu'il n'y

---

[7] Sainte FAUSTINE, *Petit Journal*, n° 1541.

en ait pas davantage parmi les athées qui se donnent la mort[8]. »

Elle pointe le piège de la souffrance qui cherche à nous projeter dans l'avenir, forcément envisagé plus terrible que le moment déjà pénible qu'on est en train de subir : « C'est parce qu'on pense au passé et à l'avenir qu'on se décourage et qu'on désespère[9]. » Ces mécanismes repérés, Thérèse encourage à s'installer résolument dans l'instant présent et à ne pas en sortir :

> « Profitons de notre unique moment de souffrance ! Ne voyons que chaque instant ! Un instant, c'est un trésor… un seul acte d'amour nous fera mieux connaître Jésus, il nous rapprochera de Lui pendant toute l'éternité[10]. »

Croire que là-haut, « un Amour m'attend »

Jacques Chancel, au cours de sa célèbre émission *Radioscopie,* posait toujours à ses invités une question devenue rituelle : « Si à votre mort, vous rencontriez Dieu qu'aimeriez-vous qu'il vous dise ? » L'invité du jour était François Mitterrand, il répondit : « J'aimerais qu'il me dise : "Eh bien, maintenant, tu sais !" » On aime ou on n'aime pas le personnage politique, la réponse n'en demeure pas moins magnifique. Il faut parfois être réduit à rien pour découvrir ou redécouvrir cette vérité bouleversante que là-haut, si nous le voulons, un Amour nous attend, et quel Amour ! Ce fut le cas de Jacques Fesch, guillotiné dans les années cinquante. Avant son

---

8 Sœur Marie de la Trinité, *Procès de l'Ordinaire,* 2791.

9 Sainte Thérèse de Lisieux, *Carnet Jaune* 819, 10.

10 *Id,* Lettre 89 ; Poésie n° 5.

arrestation pour crime, il n'était qu'un petit voyou minable. Et voici qu'au cours de sa détention, il découvre le Christ et opère une sublime conversion. Quelques heures avant son exécution, il écrit ses dernières paroles :

> « Je me sens léger, léger, et toute crainte est pour le moment écartée. Je ne suis pas seul mais mon Dieu est avec moi. Plus que cinq heures à vivre ! *Dans cinq heures je verrai Jésus*[11] ! »

Aimer dès maintenant et pour l'éternité

Que ferons-nous au Ciel, si nous désirons y aller ? Aimer et nous laisser aimer. Alors sans tarder, commençons dès ici-bas notre « noviciat » pour le Ciel, en aimant à travers les riens du quotidien, c'est la meilleure manière de nous préparer à ce qui sera notre éternelle « occupation » dans l'au-delà ! Laissons le dernier mot à la petite Thérèse, la sainte de l'amour, la sainte de l'art de mourir et donc de l'art de vivre. En 1894, elle fut touchée par ces mots tout simples d'un prédicateur, qui s'interrogeait : si, à chaque instant, il vous était demandé : « que faites-vous ? » votre réponse devrait être : « j'aime ! » – « Au réfectoire ?... J'aime ! » – « Au chœur ?... J'aime ! » – « Partout ?... J'aime ! » Thérèse conserva précieusement ce billet.

> « Il est, disait-elle, l'écho de mon âme. Depuis longtemps, c'est ainsi que j'entends l'amour et que je m'exerce à le pratiquer[12] ! »

Abbé Joël GUIBERT

Castelnau d'Estretefonds

---

[11] Jacques FESCH, *Journal de prison*, Éd. Le Sarment Fayard, (1989), p. 300.

[12] SAINTE THÉRÈSE DE LISIEUX, CRM 23-24. *Carnet rouge* rédigé par sœur Marie de la Trinité et publiés dans « Vie Thérésienne » 73 et 77.

QU'EN EST-IL DE L'ÂME SÉPARÉE ?

Que se passe-t-il à notre mort, à la fin de cette vie terrestre ? Pour le chrétien, la réponse est simple : le corps, lui, va tomber en poussière, mais l'âme, elle, immortelle, va à la rencontre de son Seigneur pour être jugée. À la fin des temps, tous les hommes ressusciteront, et Dieu rendra définitivement la vie incorruptible à nos corps en les unissant à nos âmes[I]. Mais quel est l'état de cette âme séparée du corps ? Peut-elle agir, peut-elle entrer en relation avec ceux qui sont sur la terre, est-ce qu'elle nous entend, nous voit ? À ces questions, les réponses sont beaucoup plus complexes. Il suffit de parcourir les rayonnages d'une librairie, de se pencher sur la littérature – particulièrement celle adressée aux adolescents –, de regarder la Xème saison de telle série télévisée, les hypothèses ne manquent pas. Est-ce que nous revenons dans un autre corps ? Serons-nous transformés en un pur esprit, deviendrons-nous un fantôme ? Ou alors allons-nous disparaître tout simplement ?

[I] Cf. *Catéchisme de l'Église catholique,* 997-998. Que notre esprit puisse subsister après notre mort corporel, cela est une affirmation directe de l'Écriture. Sur la Croix, le Christ déclare au bon larron : « aujourd'hui tu seras avec moi dans le Paradis » (Lc 23,43). La parabole du pauvre Lazare et du riche en est aussi une illustration (Lc 16,19-31).

Un de corps et d'âme

Pour pouvoir discerner parmi toutes ces positions, il est bon de prendre un peu de recul et de laisser notre raison être éclairée par la foi. Et le mieux est d'abord de partir ce que nous connaissons bien, notre situation actuelle, où nous sommes un seul être, à la fois corporel et spirituel : l'être humain est un corps animé, ou une âme incarnée. Ces deux principes, corps et âme, ne sont pas deux pôles de notre être, mais les deux forment un unique être substantiel. L'un tient lieu de principe formel (l'âme), l'autre de principe matériel (le corps). La personne est un tout. Il faut bien insister là-dessus face à deux dérives : l'homme ne serait qu'un être matériel (c'est le matérialisme), ou alors il serait un esprit qui se serait attaché, pour un temps, à un corps ou à la matière (position proche du platonisme et d'autres formes d'idéalisme). Face à ces deux positions, le pape Benoît XVI écrivait :

> « Si l'homme aspire à être seulement esprit et qu'il veuille refuser la chair comme étant un héritage simplement animal, alors l'esprit et le corps perdent leur dignité. Et si, d'autre part, il renie l'esprit et considère donc la matière, le corps, comme la réalité exclusive, il perd également sa grandeur. L'épicurien Gassendi s'adressait en plaisantant à Descartes par le salut : "Ô Âme !" Et Descartes répliquait en disant : "Ô Chair !" Mais ce n'est pas seulement l'esprit ou le corps qui aime : c'est l'homme, la personne, qui aime comme créature unifiée, dont font partie le corps et l'âme. C'est seulement lorsque les deux se fondent

véritablement en une unité que l'homme devient pleinement lui-même[2]. »

L'homme ne se réduit pas à un morceau de chair, la mort n'est donc pas une fin pour lui. Mais la mort n'est pas non plus le moment de la libération de l'esprit qui était jusqu'à présent emprisonné dans un corps. La mort est une déchirure, et l'âme amputée du corps entre dans un état imparfait. Pour saint Thomas d'Aquin, l'âme séparée n'est plus une personne mais un fragment de personne, car il lui manque cette union avec le corps qui lui est essentielle[3]. Elle ne retrouvera son intégrité qu'à la résurrection de la chair. Pour autant, l'âme humaine ne change pas de nature (elle ne devient pas autre chose, comme si elle devenait un ange par exemple), mais elle change d'état, de mode d'être. Elle reste elle-même, mais son action va en être profondément affectée.

« Que dans la mort, je ne m'endorme pas » (Ps 12,4)

L'unité entre le corps et l'âme se manifeste particulièrement dans la manière dont l'homme entre en relation avec la réalité et les personnes qui l'entourent. C'est d'abord par son corps que l'homme est en contact avec l'extérieur, et par les facultés de l'âme les plus en lien avec le corps, donc nos sens, nos cinq sens. Nos

---

2 Benoît XVI, Lettre encyclique *Deus caritas est*, 5.

3 Cf. Saint Thomas d'Aquin, *Somme de théologie*, I^{a}, q. 75, a. 4, ad2 : « Ce n'est pas n'importe quelle substance particulière qui peut être appelée hypostase ou personne, mais seulement celle qui possède la nature complète de l'espèce. La main ou le pied, par exemple, ne peuvent être appelés hypostase ou personne. Pas plus que l'âme puisqu'elle n'est qu'une partie de l'espèce humaine. »

yeux sont sensibles à la lumière, notre ouïe aux sons, notre goût ou notre odorat à des substances chimiques, notre toucher à la résistance de la matière. C'est donc par eux que nous recevons les informations du monde sensible, et donc des autres personnes humaines. Sans eux, sans le corps, nous ne pouvons pas faire l'expérience de cette réalité qui nous entoure. D'autres facultés de l'âme vont aussi entrer en jeu. Ce sont d'abord les sens internes, en particulier la mémoire et l'imagination, qui vont conduire à former en nous une image de la réalité, et jusqu'à l'intelligence, qui permet de connaître l'être même de la réalité. Ce sont ensuite les passions, qui nous poussent à aller vers les réalités sensibles (ou nous conduisent à nous en éloigner), jusqu'à la volonté qui nous conduit à rechercher les biens les plus grands.

Plus une faculté de l'âme est liée au corps, plus une modification corporelle va influencer sa manière d'agir. Ainsi, un dommage ou une faiblesse corporelle peut entraver complètement l'activité d'un des sens : on peut perdre la vue ou l'ouïe. Les sens internes ou les passions peuvent s'affranchir dans une certaine mesure de l'activité corporelle (on peut être présent physiquement en un lieu, mais être très loin par l'imagination !), mais la fatigue ou la maladie peuvent avoir un grand impact sur leur activité. Notre intelligence ou notre volonté peuvent prendre beaucoup plus de distance avec les images provenant des sens (on peut ainsi ne pas se faire avoir par une illusion d'optique), mais de manière habituelle, c'est par la connaissance sensible que nous jugeons de la réalité.

Alors, retournons maintenant à notre sujet : que se passe-t-il au moment de la mort ? Quelle peut être l'activité de l'âme quand elle est séparée du corps ? Tout d'abord, elle ne peut plus connaître en tirant sa connaissance du monde sensible : elle ne peut pas entendre, elle ne peut pas voir, elle ne peut pas toucher. Si la destruction d'un organe empêche l'activité du sens, combien plus le fera la destruction totale du corps. En revanche, ce que l'âme a pu connaître par l'intelligence sera conservé après la mort : elle gardera la connaissance qu'elle a obtenue, elle gardera le souvenir des personnes aimées. Mais elle ne peut plus connaître le monde des vivants de la même manière qu'avant, elle est coupée de la source de ses informations[4]. Alors, est-elle condamnée à l'obscurité ?

« Illumine mes yeux, Seigneur » (Ps 12,4)

Le lecteur de *Vives flammes* connaît quelqu'un qui n'a pas besoin de la connaissance sensible pour se faire connaître (même s'il utilise parfois la connaissance sensible pour se manifester !). C'est Dieu, Dieu qui peut avoir accès directement à notre intelligence et notre volonté sans passer par des formes matérielles[5]. Dieu peut imprégner directement les idées dans l'âme. C'est de cette manière que les anges connaissent naturellement la réalité, mais c'est également de cette manière que Dieu a illuminé certains prophètes pour qu'ils connaissent la vérité[6]. Le Christ avait ce genre de connaissance au plus

---

4 Cf. SAINT THOMAS D'AQUIN, *Somme de théologie*, IIa-IIae, q. 83, a. 4, ad 2 : « Les morts, à considérer leur condition naturelle, ne savent pas ce qui se passe en ce monde, et surtout dans l'intime des cœurs. »

5 L'ange peut aussi, d'une certaine manière, agir de la sorte, mais aussi les saints dans la gloire.

6 Ainsi l'apôtre saint Paul : cf. 2 Co 12,1-5.

haut point. Celle-ci est appelée connaissance infuse, car elle est infusée directement dans l'intelligence. Nous-mêmes pouvons en avoir une certaine expérience, en particulier dans la contemplation de Dieu, dans la pratique de l'oraison.

Ce mode de connaissance est de soi plus élevé que celui qui consiste à tirer sa connaissance du monde sensible, et il convient plus parfaitement à la connaissance des réalités les plus hautes. En effet, la connaissance infuse permet à l'homme de connaître la réalité telle que Dieu la voit. Par elle, l'âme jouit donc d'une connaissance purement intellectuelle dont la modalité est objectivement supérieure à celle de la connaissance naturelle. De plus, cette connaissance est tournée vers Dieu et vers son œuvre, et par là, elle jette une lumière accrue sur nous-même : elle nous permet de nous voir en vérité face à Dieu. Dans ces domaines-là, elle est bien plus parfaite que la connaissance que nous pouvons avoir par l'expérience.

Dieu peut tout à fait illuminer de cette manière-là l'âme séparée, elle peut jouir de ce mode de connaissance, et par là connaître la réalité extérieure. Dieu se révèle à elle, lui donne de connaître la vérité sur son œuvre, sur l'univers. Le fait qu'elle ne soit plus unie au corps va d'ailleurs lui rendre ce type de connaissance plus accessible. Car même pour quelqu'un qui a développé une authentique vie de prière, pour les saints, ce mode de connaissance de la part de Dieu n'est pas si évident au cours de la vie terrestre. Et une des difficultés vient du corps lui-même. Celui qui veut prier sait que le corps peut lui donner bien des préoccupations.

La maladie, la fatigue, ou même une imagination débordante, une passion trop forte, peuvent entraver ici-bas l'activité de l'intellect. Ces difficultés n'ont pas lieu dans l'état de l'âme séparée. Elle peut connaître Dieu d'une manière bien plus profonde qu'unie au corps, car son activité n'est plus entravée par l'activité propre du corps. L'âme séparée peut alors s'appliquer plus librement aux réalités spirituelles[7].

Pour pouvoir tirer pleinement profit de ce mode de connaissance, il faut avoir développé une grande proximité avec Dieu, une profonde amitié avec lui. Si les âmes qui sont dans la gloire sont ainsi en mesure d'être pleinement illuminées par elle, celles qui ne sont pas encore arrivées à ce degré d'intimité, celles qui sont encore au Purgatoire, ne peuvent pas en percevoir la pleine lumière. Car notre intelligence n'est pas proportionnée à ce mode de connaissance, de même qu'une lumière trop forte empêche nos yeux de bien voir. Et ici aussi, nous pouvons en avoir l'expérience : même si nous vivons dans la grâce du Christ, qu'il peut être difficile pour nous de connaître la volonté de Dieu, de percevoir ses desseins ! Sans la lumière de gloire, la connaissance que l'âme séparée obtient au moyen des idées infuses est de ce genre-là : elle est perçue de manière floue, indéterminée, donc imparfaite. Elle n'atteindra sa perfection que dans la vision face à face avec Dieu. Auparavant, nous sommes incapables d'exploiter pleinement le contenu intelligible

7 Cf. SAINT THOMAS D'AQUIN, *Somme de théologie*, Iª, q. 89, a. 2, ad I : « L'âme séparée est sans doute plus imparfaite si on considère la nature qu'elle a en commun avec le corps, mais elle est de quelque manière plus libre pour penser, dans la mesure où la pesanteur corporelle et l'occupation à l'égard du corps sont un obstacle à la pureté de l'intelligence. »

de ce que Dieu nous transmet. La connaissance que nous pourrions avoir de ce qui se passe à l'extérieur de nous-même s'en trouvera alors profondément affectée : nous ne pouvons connaître clairement ce qui se passe sur la terre.

> « Les bienheureux découvrent dans le Verbe ce qu'ils doivent connaître de ce qui nous arrive, même quant aux mouvements intérieurs du cœur. [...] Ils connaissent donc les prières que nous leur adressons, parce que Dieu les leur découvre[8]. » Par contre, « ceux qui sont en ce monde ou dans le purgatoire ne jouissent pas encore de la vision du Verbe. Ils ne peuvent donc pas connaître ce que nous pensons ou disons[9]. »

« Moi, je prends appui sur ton amour » (Ps 12,6)

Résumons le chemin parcouru. La mort ne se contente pas de briser le lien entre le corps et l'âme. Elle rompt aussi le lien de l'homme avec la réalité sensible qui l'entoure. Si les liens spirituels que nous avons tissés au cours de notre vie terrestre demeurent, les échanges simples que nous pouvions avoir n'existent plus. Mais Dieu continue à avoir accès au cœur même de l'homme, il peut le conduire vers lui et vers les autres. L'homme

---

8 *Ibid.*, IIa-IIae, q. 83, a. 4, ad 2.

9 *Ibid.*, ad 3. Voir aussi *ibid.*, Ia, q. 89, a. 8, ad 1 : « Les âmes des défunts peuvent prendre soin des affaires des vivants même si elles ignorent leur état, à la manière dont nous-mêmes prenons soin des morts, leur accordant nos suffrages, bien que nous ignorions leur état. Les morts peuvent aussi connaître des actions des vivants non par eux-mêmes mais soit par les âmes de ceux qui viennent à eux d'ici-bas, soit par les anges ou les démons, soit par une révélation de l'Esprit de Dieu. »

seul ne peut rien, avec Dieu il peut tout. Et nous savons par la parole même de Dieu qu'il ne veut pas abandonner l'homme à la mort (Ps 15,10).

C'est pourquoi la prière pour nos frères défunts est d'une grande utilité. Par elle, nous passons par Dieu, qui seul peut agir, seul peut illuminer le cœur même de ceux qui nous ont précédés, pour les aider dans leur purification, pour les soutenir dans leur ouverture à la grâce de Dieu. Par Dieu nous nous rendons présents à eux, et en retour, par Dieu également, ils peuvent connaître notre propre cœur. Aussi, « notre prière pour eux peut non seulement les aider mais aussi rendre efficace leur intercession pour nous[10] ». Voilà une belle illustration de notre communion de charité dans l'Église.

Fr. François LE HÉGARET, o.p.
Couvent Saint-Thomas d'Aquin, Toulouse

---

10 *Catéchisme de l'Église catholique*, 958.

Notre mère, la poussière de la terre

La résurrection de la chair chez Tertullien et Grégoire le Grand

Parmi les articles du Credo, le dogme de la résurrection de la chair, aujourd'hui comme hier, n'est pas des plus faciles à comprendre et à admettre. Le judaïsme du temps de Jésus était divisé sur cette question : les Saducéens, par exemple, ne croyaient ni aux anges ni à la résurrection (cf. Ac 23,8). Chez les Grecs la certitude de l'immortalité de l'âme s'accompagnait d'un mépris tel de la chair que l'idée même de résurrection faisait ricaner. Saint Paul l'apprit à ses dépens sur l'aréopage d'Athènes (Ac 17,32).

Rien dans la philosophie ambiante du bassin méditerranéen et de l'empire romain ne prédisposait à accepter facilement la résurrection. Le corps (*sôma* en grec) n'était-il pas le tombeau (*sêma* en grec) de l'âme, dont il fallait se débarrasser au plus vite pour que l'âme jouisse, tranquille, de son immortalité ? Les influences platoniciennes et stoïciennes si prégnantes dans les premiers siècles allaient dans ce sens. Elles avaient influencé aussi un juif d'Alexandrie auteur, quelques dizaines d'années avant le Christ, du livre de la Sagesse : « un corps corruptible, en effet, appesantit l'âme, et cette tente d'argile alourdit l'esprit aux multiples soucis » (Sg 9,15).

Tertullien (†215)

C'est dans ce contexte que les Pères de l'Église vont enseigner la résurrection de la chair. Tertullien, le premier des Pères latins, y consacre même un traité particulier, le *De resurrectione carnis*. Le grand avocat de Carthage réfute avec brio le gnostique Marcion qui professe un total dédain de la matière en général, œuvre d'un dieu mauvais, et du corps humain en particulier.

La création

Selon la Genèse, l'homme est tiré de la poussière du sol. Son nom, Adam, le lui rappelle. Adamah signifie étymologiquement en hébreu, le terreux, le glébeux suivant la traduction de Chouraqui. Tertullien montre comment le Créateur a pétri la glaise pour parvenir à ce chef-d'œuvre : le corps humain.

> « Dieu travaillait cette matière avec tant de soin ! En effet, autant de fois cette chair sent l'impression des mains divines, touchée, pétrie, élaborée par elles, autant de fois elle grandit en honneur. Figure-toi Dieu occupé tout entier à cette création ! Main, esprit, action, sagesse, providence, amour surtout, il y emploie tout son être. C'est qu'à travers ce limon grossier il entrevoyait son Christ qui un jour serait homme[1]… »

[1] Tertullien, *De resurrectione carnis* 6 ; PL 2, 848.

La chair de l'homme est glorieuse parce qu'en la façonnant Dieu eut son Fils comme modèle et le Christ, Verbe incarné, comme projet. Cette chair devient plus glorieuse encore lorsque le Créateur lui insuffle l'Esprit. Cette dignité incomparable a-t-elle pour destin la corruption du tombeau ? Ne mérite-t-elle pas l'éternité du Ciel ? N'est-il pas prescrit d'honorer ses parents ? Comment refuser l'honneur qui est dû à « notre mère, la poussière de la terre » ?

> « Chair et sang, s'écrie Tertullien, ayez donc confiance ; vous avez conquis et le ciel et le royaume de Dieu dans Jésus-Christ. Ou si l'on vous dénie ce droit dans Jésus-Christ, que ceux qui vous bannissent du ciel nient aussi que Jésus-Christ soit dans le ciel[2]. »

D'une certaine manière d'ailleurs la chair est plus digne de l'éternité que l'âme. Car enfin c'est le péché qui nous coupe de Dieu. Or en fait de péché « rien ne doit être proprement reproché à la chair, sinon à cause de l'incitation de l'âme qui se soumet la chair comme un instrument[3]. »

L'incarnation

Dans un autre traité, le *De carne Christi,* Tertullien montre avec des accents très poétiques et émouvants, combien le Fils de Dieu a aimé ce corps humain qu'il a assumé jusque dans ces aspects que Marcion jugeait sordides et indignes de Dieu :

> « Oui le Christ a aimé cet homme pétri dans le sein maternel, et formé dans les entrailles de la femme

---

2 *Ibid.* 51 ; PL 2, 916.

3 *Ibid.* 10 ; PL 2, 854.

(...) C'est pour lui qu'il est descendu sur la terre ; c'est pour lui qu'il a prêché ; c'est pour lui qu'il s'est humilié jusqu'à la mort, et à la mort de la croix. Et de vrai, il a bien aimé celui qui lui a coûté un si grand prix, et qu'il a racheté si chèrement. (...) Il est donc vrai qu'en aimant l'homme, il a aussi aimé la naissance de l'homme, qu'il a aimé la chair. Quoi ! tu veux que Jésus-Christ rougisse de ce qu'il a bien voulu racheter, et tu veux figurer indigne de Dieu ce qu'il n'eût pas racheté s'il ne l'eût aimé d'un amour tout singulier ? Il sauve de la mort la naissance, par une renaissance céleste ; il rend à la chair la guérison, et la délivre de toutes ses maladies ; il nettoie la lèpre ; il rend la lumière aux aveugles ; il restitue la vigueur au paralytique ; il chasse le malin esprit ; il ressuscite les morts ; et l'on croira qu'il rougit de naître dans cette chair pour laquelle il a fait tant de choses merveilleuses[4] ! »

Contrairement aux gnostiques qui affirmaient que Jésus est né par Marie (*per Mariam*), en passant par elle, comme un couloir ou canal, Tertullien professe que Jésus est bien né de la Vierge Marie (*ex Maria virgine*), c'est-à-dire qu'il a pris d'elle une chair véritable : « la véritable chair de Jésus-Christ a été tirée de la substance de la Vierge[5]. » Cette chair du Christ est, selon la célèbre expression de Tertullien, la charnière du salut : *Caro Christi cardo salutis*. C'est pourquoi les deux traités

---

4 Tertullien, *De carne Christi*, 4 ; PL 2, 804. L'insistance de Tertullien sur le réalisme de l'incarnation l'amène à quelques excès. Ainsi affirme-t-il que Jésus était laid ! ou encore nie-t-il la virginité *in partu* de Marie.

5 *Ibid.* 20 ; PL 2,830.

Sur la chair du Christ, et *Sur la résurrection de la chair* s'enchaînent logiquement.

Dès la fin du deuxième siècle Tertullien a donc montré avec force et talent que la doctrine de la résurrection de la chair découlait comme un inévitable corollaire de deux grands dogmes : la création et l'incarnation.

Saint Grégoire le Grand (†604)

À l'autre bout de la période patristique, la question allait être soulevée non plus seulement du fait de la résurrection de la chair mais de la nature des corps ressuscités. Origène (253), en son temps, avait eu, semble-t-il des thèses bien étranges selon lesquelles les corps glorieux étaient sphériques... Ses disciples avaient relayé et déformé à qui mieux mieux des idées que leur maître n'avait formulées qu'en passant... C'est ainsi qu'on imagina des ressuscités en forme de boules et comme un immense jeu de pétanque au ciel !... Quelle ne fut pas la stupeur de saint Grégoire le Grand, lorsqu'en 581, il lut que le patriarche de Constantinople Euthychès avait publié un traité sur la Résurrection où il prenait à son compte toutes ces divagations origéniennes ! C'était tellement stupide que d'aucuns préféraient nier la résurrection de la chair plutôt que de croire en ces balivernes.

Job

Devenu pape en 590, Grégoire se devait de réagir en réaffirmant le dogme. Il y revient à plusieurs reprises. D'abord dans ses énormes *Moralia in Job*. Le saint homme Job, un païen pourtant, n'affirme-t-il pas dans le livre biblique qui porte son nom : « Je sais, moi, que mon Rédempteur est vivant, et que je ressusciterai de la poussière au dernier jour » (cf. Jb 19,25). Que ceux qui doutent de la résurrection considèrent les jours et les saisons. Le cycle de la nature nous donne comme une parabole naturelle de la résurrection. Le soleil meurt chaque jour sous nos yeux et renaît le matin. Ce qu'on croit mort, enfoui dans la terre, enseveli par l'hiver, voilà que le printemps le ramène sous une forme renouvelée.

> « Qui donc s'étonnera si d'une poussière ténue dont les éléments sont invisibles, celui qui fait jaillir en leur intégralité des arbres immenses d'une graine délicate, reconstitue un homme à l'heure où il le veut ? (...) Et si quelqu'un désespère que puisse survenir en lui un pouvoir de résurrection, qu'il rougisse devant les paroles de cet homme [Job] fidèle entre les Gentils et qu'il juge le poids du châtiment qui doit le frapper s'il ne croit pas encore à sa propre résurrection, lui qui sait maintenant que la résurrection du Seigneur est une réalité, alors qu'un homme pour qui la résurrection du Seigneur n'était encore qu'une espérance a pu croire à la sienne[6]. »

D'ailleurs qu'y a-t-il de difficile à croire en la résurrection lorsque l'on croit que Dieu crée à partir de rien ?

> « Certains demandent: "Comment un homme pourrait-il être reformé à partir de la poussière ? Comment ferait-on pour rendre une âme à la cendre ?" Nous leur répondrons brièvement que pour Dieu, restaurer ce qui existait est bien moindre que créer ce

---

[6] Saint Grégoire le Grand, *Morales sur Job*, XIV,70 ; SC 212 p 431-433 ; PL 75,1077.

qui n'existait pas. Et qu'y a-t-il d'étonnant à ce qu'il refasse un homme à partir de la poussière, lui qui a tout créé à la fois à partir de rien[7] ? »

Casuistique

Comme les sadducéens de l'Évangile (cf. Lc 20,27-40), les hérétiques pour réfuter la résurrection de la chair inventent toute sorte de casuistique. Voici, disent-ils, un loup qui a mangé un homme, le loup se fait lui-même manger par un lion, ce lion vient à mourir et retourne à la poussière. Comment au jour de la résurrection pourra-t-on distinguer la chair de l'homme de celle du loup ou du lion ? Que ces impies nous disent donc comment ils sont venus au monde, répond saint Grégoire. N'ont-ils pas eux aussi été informes écumes de sang dans le sein de leurs mères ? « vois donc, homme comment tu es venu à la vie, et ne doute pas de la façon dont tu pourrais revenir à la vie ». Crois-tu que Dieu ne puisse distinguer une chair d'homme d'une chair de bête ? « Ne désespère donc pas de la résurrection de la chair ; calcule seulement que, pour Dieu, réparer ce qui était est moindre qu'avoir fait ce qui n'était pas[8]. » Si tu demandes : comment cela

---

[7] Saint Grégoire le Grand, *Homélies sur l'Évangile,* 26,12 ; SC 522 p.157sq; PL 76, 1203-1204 ; cf *Moralia in Job* VI,18. On songe à la célèbre Pensée de Blaise Pascal : « Quelle raison ont-ils de dire qu'on ne peut ressusciter ? Quel est plus difficile de naître ou de ressusciter, que ce qui n'a jamais été soit, ou que ce qui a été soit encore ? Est-il plus difficile de venir en être que d'y revenir. La coutume nous rend l'un facile, le manque de coutume rend l'autre impossible. Populaire façon de juger… » (*Pensées,* Lafuma 882).

[8] Saint Grégoire le Grand, *Homélies sur Ézéchiel,* II, 8,7-8 ; SC 360, p. 393-397 ; PL 76,1032-1033.

se fera-t-il ? qu'il te soit répondu comme à Job : « Où étais-tu quand je fondai la terre ? Parle, si ton savoir est éclairé. » (Jb 38,4). Que de choses que tu ne peux saisir sans douter pourtant qu'elles soient !

La bonne nouvelle de Pâques

Les thèses d'Euthychès sur la nature subtile des corps glorieux ne doivent pas nous égarer. Nous ne serons pas au dernier jour des fantômes, des sphères, ou des esprits. Les évangiles en témoignant de la réalité de la chair du Christ après Pâques nous préservent de toutes ces élucubrations.

> « Il n'est pas vrai que, comme l'a écrit Euthychès, évêque de Constantinople, dans la gloire de la résurrection notre corps doive être impalpable, plus subtil que le vent et que l'air. Dans cette gloire de la résurrection en effet sans doute notre corps sera-t-il subtil par la manifestation de son pouvoir spirituel mais il sera palpable par la vérité de sa nature. Voilà pourquoi notre Rédempteur aussi a montré à ses disciples qui doutaient de sa résurrection ses mains et son côté et leur a proposé de palper ses os et sa chair : "palpez et voyez, leur dit-il, car un esprit n'a ni chair ni os comme vous voyez que j'en ai[9]". »

Grégoire qui devint pape lors d'une terrible épidémie de peste à Rome en 590, savait bien ce qu'il en était de la misère de nos corps. Lui qui souffrit toute sa vie de terribles maux d'estomac qui le rendaient aphone pouvait

---

9 *Morales sur Job*, XIV,72-74 ; SC 212 p435-439 ; PL 75,1077-1079.

désirer ardemment que la puissance de la résurrection s'appliquât aussi à la chair déficiente. On comprend qu'il ait aimé commenter le livre de Job, tant les malheurs ont accablé toute son existence. Or la bonne nouvelle de Pâques n'est pas faite seulement pour des philosophes prospères ou des théologiens en bonne santé ! Nos corps qui nous font parfois tant souffrir seront aussi entraînés dans la gloire du Ciel. Le sort voulut d'ailleurs qu'Eutychès et Grégoire tombassent tous deux gravement malades en même temps. Eutychès mourut et on vint rapporter à Grégoire ce détail bien touchant : tandis qu'il agonisait le vieil hérétique repentant tendait à ses visiteurs la peau de sa main et la leur donnait à baiser en disant : « je confesse que nous ressusciterons tous en cette chair que Dieu nous a faite »…

Abbé Guillaume de Menthière

Paris

Ce que je verrai bientôt pour la Première fois !...

Je suis encor sur la rive étrangère,
Mais pressentant le bonheur éternel,
Oh ! je voudrais déjà quitter la terre
Et contempler les merveilles du Ciel
Lorsque je rêve aux joies de l'autre vie
De mon exil je ne sens plus le poids
Puisque bientôt vers ma seule Patrie
Je volerai pour la première fois !

Ah ! donne-moi, Jésus, de blanches ailes
Pour que vers toi je prenne mon essor
Je veux voler aux rives Éternelles
Je veux te voir, ô mon Divin Trésor !
Je veux voler dans les bras de Marie
Me reposer sur ce trône de choix,
Et recevoir de ma Mère chérie
Le doux Baiser pour la première fois !

Mon Bien-Aimé, de ton premier sourire
Fais-moi bientôt entrevoir la douceur
Et laisse-moi, dans mon divin délire
Ah ! laisse-moi me cacher en ton cœur !
Oh ! quel instant ! quel bonheur ineffable
Quand j'entendrai le doux son de ta voix
Quand je verrai de ta Face Adorable
L'éclat divin pour la première fois !

Sainte Thérèse de l'Enfant-Jésus, PN 33

La mort et l'au-delà dans le mystère de la communion des saints, selon sainte Thérèse de Lisieux, docteur de l'espérance

Dans sa Tradition vivante, l'Église n'a cessé d'approfondir sa foi concernant la *mort et l'au-delà,* par l'enseignement du Magistère et par le témoignage des saints. Une grande lumière nous a été donnée par le Concile Vatican II dans la Constitution Dogmatique *Lumen Gentium.* L'Église de la terre, dont tous les membres sont appelés à la sainteté (ch. V), est en pèlerinage vers la Patrie du Ciel, en communion avec l'Église du Ciel et avec l'Église souffrante du Purgatoire (ch. VII), toujours accompagnée par Marie, la Mère que Jésus nous a donnée et qui est déjà pleinement configurée à Lui dans la gloire de la Résurrection (ch. VIII), « signe d'espérance assurée et de consolation pour tout le Peuple de Dieu en pèlerinage » (n. 68).

Dans l'Encyclique *Spe Salvi,* Benoît XVI invite toute l'Église à redécouvrir l'horizon du *Jugement de Dieu* dans la grande lumière de *l'Espérance du Salut éternel* (n. 41-48), en surmontant cette peur exagérée de l'Enfer qui depuis le Moyen-Âge a tenu trop de place dans la chrétienté occidentale. La doctrine de l'Enfer est réaffirmée (au conditionnel) comme possibilité pour l'homme de refuser librement, totalement et définitivement l'Amour salvifique de Dieu en Jésus-Christ (n. 45). À l'opposé, ceux qui ont pleinement répondu à cet Amour sont une minorité, et ce sont les saints, connus ou inconnus. Reste l'immense majorité de tous ceux qui au moment de la mort ne sont pas encore capables de la pleine communion avec Dieu, et qui ont encore besoin d'être purifiés. De cette manière, Benoît XVI nous invite à redécouvrir la réalité du Purgatoire, un dogme de la foi catholique souvent oublié aujourd'hui, et qui est profondément consolant dans cette grande perspective de l'espérance du salut éternel. Dans le même sens, Benoît XVI a eu le courage de dépasser la doctrine classique des limbes qui excluait du Ciel tous les petits enfants morts sans baptême.

Cette grande perspective, magnifiquement développée par le Pape François dans son Exhortation Apostolique *Gaudete et exsultate*, était déjà présente dans les écrits de sainte Thérèse de Lisieux, Docteur de l'espérance en la Miséricorde infinie. Il convient donc de rappeler brièvement les principaux aspects de son enseignement.

« Sauver les âmes qui sont sur la terre et délivrer celles qui souffrent dans le purgatoire »

Au début de son *Offrande à l'Amour Miséricordieux*, Thérèse exprime la grande intention de toute sa vie : « Travailler à la glorification de la Sainte Église en sauvant les âmes qui sont sur la terre et en délivrant celles qui souffrent dans le purgatoire » (Pri 6). Il s'agit donc de toutes les âmes qui ont besoin de son aide, ce qui n'est pas le cas des saints du Ciel. Dans le même sens, elle avait achevé sa *prière au jour de sa profession* en disant : « Jésus fais que je sauve beaucoup d'âmes, qu'aujourd'hui il n'y en ait pas une seule de damnée et que toutes les âmes du purgatoire soient sauvées. Jésus pardonne-moi si je dis des choses qu'il ne faut pas dire, je ne veux que te réjouir et te consoler » (Pri 2). Cette demande, que Thérèse renouvellera chaque jour, s'opposait en effet à la mentalité de l'époque marquée par le jansénisme, selon laquelle la damnation éternelle de nombreuses âmes chaque jour était inévitable. La sainte ose demander à Jésus le salut éternel de tous ceux qui meurent chaque jour. C'est la prière fondamentale de Thérèse dont l'espérance en la Miséricorde Infinie est sans limites, jusqu'à *espérer pour tous.*

C'est là un des plus grands apports de Thérèse comme Docteur de l'Église, dépassant sur ce point les Docteurs et les saints des siècles précédents, conditionnés par la problématique augustinienne de la prédestination.

Pour bien comprendre l'exactitude théologique de cette doctrine de Thérèse, il faut se reporter à l'admirable récit du salut de Pranzini qui se trouve au cœur du *Manuscrit A* (45v°-46v°). Après la « Grâce de Noël », elle commence sa « course de géant » (Ms A, 44v°) avec un nouvel engagement pour le salut des âmes, spécialement de celles des plus grands pécheurs, plus exposées au risque de la damnation éternelle. Sans aucune vision ni révélation particulière, mais en contemplant avec foi et amour une simple image de Jésus crucifié pendant la Messe du dimanche, elle décide de se tenir en esprit au pied de la Croix pour recueillir le Sang Rédempteur et le répandre sur ces pauvres âmes. Et c'est alors qu'elle entend parler de Pranzini, « condamné à mort pour des crimes horribles » et sur le point de « mourir dans l'impénitence ».

Ici, Thérèse exprime parfaitement le contenu de la foi catholique concernant le caractère décisif et définitif de l'instant de la mort par rapport au salut éternel. La doctrine de l'Église concernant l'Enfer est très exactement exprimée lorsqu'elle écrit : « Je voulus à tout prix l'empêcher de tomber en enfer ». Pour cela, elle fait célébrer la Messe en associant sa sœur Céline à sa prière. Ce qui est le plus remarquable, c'est son absolue « *certitude* » concernant le salut éternel de Pranzini « même s'il ne se confessait pas et ne donnait aucune marque de repentir, tant j'avais de confiance en la miséricorde infinie de Jésus ». C'est l'expression extrême de la certitude de l'espérance qui a pour objet le salut éternel et qui s'appuie uniquement sur la miséricorde du Rédempteur. Ici, il s'agit de l'espérance pour un autre apparemment désespéré, ce grand criminel que Thérèse appelle « mon *premier enfant* » !

Avant d'entrer au Carmel, la jeune fille est déjà *épouse de Jésus et mère des âmes,* devenant mère par la fécondité virginale du sang de Jésus. Quand elle a décidé de se tenir en esprit au pied de la Croix, Jésus fait déjà résonner dans son cœur la parole qu'Il avait adressée à Marie : « Femme, voici ton fils » (Jn 19,26). Ce « cœur de mère » est un cœur qui aime et qui croit, et surtout un cœur qui espère contre toute espérance. C'est le cœur de Thérèse en union avec le Cœur de Marie, selon le très beau texte de la *Fuite en Égypte* (RP6), lorsque notre sainte imagine un dialogue entre la Vierge Marie et Susanna, la mère du petit Dimas, le futur bon larron de l'Évangile qui vient d'être guéri de la lèpre par la puissance de l'Enfant Jésus. Marie dit alors ces mots qui correspondent exactement à ce que Thérèse avait vécu par rapport à Pranzini :

> « Ayez confiance en la Miséricorde Infinie du Bon Dieu ; elle est assez grande pour effacer les plus grands crimes lorsqu'elle trouve un cœur de mère qui met en elle toute sa confiance. Jésus ne désire pas la mort du pécheur, mais qu'il se convertisse et qu'il vive éternellement. Cet Enfant qui, sans effort, vient de guérir votre fils de la lèpre, le guérira un jour d'une lèpre bien plus dangereuse. Alors, un simple bain ne suffira plus, il faudra que Dimas soit lavé dans le Sang du Rédempteur. Jésus mourra pour donner la vie à Dimas et celui-ci entrera le même jour que le Fils de Dieu dans son Royaume Céleste. » (RP6, 10r°)

Telle est l'espérance du Cœur de Marie pour les plus pauvres pécheurs qui sont ses enfants, rachetés par le sang de Jésus et confiés par Lui à sa maternité. Quand nous disons : « Sainte Marie, Mère de Dieu, priez pour nous pauvres pécheurs maintenant et à l'heure de notre mort », notre prière embrasse toute l'humanité, sans aucune exception !

À la fin de son récit concernant Pranzini, Thérèse s'exclame : « Ah ! depuis cette grâce unique, mon désir de sauver les âmes grandit chaque jour » (Ms A, 46v°). Telle est l'expression typique de notre sainte : « Sauver *les* âmes », c'est-à-dire toutes, et non pas seulement « sauver *des* âmes », c'est-à-dire quelques-unes, selon l'expression commune de son époque.

Plus tard, dans le *Manuscrit C,* Thérèse racontera cette bouleversante épreuve de la foi concernant l'existence du Ciel, qui la rend fraternellement proche de tous les athées du monde moderne (Ms C, 5r°-7v°). Et c'est toujours avec la même confiance qu'elle intercédera pour leur salut éternel : « Je cours vers mon Jésus, je Lui dis être prête à verser jusqu'à la dernière goutte de mon sang pour confesser qu'il y a un Ciel. Je Lui dis que je suis heureuse de ne pas jouir de ce beau Ciel sur la terre afin qu'Il l'ouvre pour l'éternité aux pauvres incrédules » (Ms C, 7r°).

Dans la communion de toute l'Église, sur la Terre comme au Ciel

Dans le *Manuscrit B,* Thérèse commence avec le récit d'un rêve (2r°v°) qui a été comme un sourire de l'Église du Ciel, car les saints nous aiment et veillent sur nous. L'Amour Infini qu'elle découvre dans le Cœur de l'Église va s'incarner dans tous les petits détails de la vie quotidienne, ce qu'elle exprime avec la symbolique des fleurs. Elle est ce petit enfant qui jette des fleurs en chantant :

> « Jésus, à quoi te serviront mes fleurs et mes chants ?... Ah ! je le sais bien, cette pluie embaumée, ces pétales fragiles et sans aucune valeur, ces chants d'amour du plus petit des cœurs te charmeront, oui, ces riens te feront plaisir, ils feront sourire l'Église Triomphante, elle recueillera mes fleurs effeuillées *par amour* et les faisant passer par tes Divines Mains, ô Jésus, cette Église du Ciel, voulant *jouer* avec son petit enfant, jettera, elle aussi, *ces fleurs* ayant acquis par ton

attouchement divin une valeur infinie, elle les jettera sur l'Église souffrante afin d'en éteindre les flammes, elle les jettera sur l'Église combattante afin de lui faire remporter la victoire !... O mon Jésus ! je t'aime, j'aime l'Église ma Mère. » (Ms B, 4v°)

Le continuel acte d'amour, ce « Jésus je t'aime » qui est comme la respiration de Thérèse, le battement de son cœur, embrasse maintenant la totalité du Mystère de l'Église, au Ciel, sur la terre et dans le Purgatoire. On voit ici tout le paradoxe thérésien de la petitesse évangélique qui est la suprême grandeur. Dans les mains de Jésus, nos plus petites actions prennent « une valeur infinie ». Ce que dit Thérèse correspond exactement à la vraie conception du mérite selon saint Thomas.

Thérèse expérimente cette communion vivante qui nous unit aux saints du Ciel et aussi aux âmes du Purgatoire, à tous ces frères défunts, connus ou inconnus pour lesquels nous prions mais que nous pouvons aussi prier, car ils intercèdent pour nous. Dans les premières pages du *Manuscrit A,* Thérèse cite à ce propos une lettre de sa maman, sainte Zélie, racontant comment son enfant toute petite a été miraculeusement protégée : « J'ai remercié le Bon Dieu de ce qu'il ne lui était rien arrivé, c'est vraiment providentiel, elle devait rouler par terre, son bon Ange y a veillé et les âmes du purgatoire auxquelles je fais tous les jours une prière pour la petite l'ont protégée » (Ms A, 5r°).

Sûre que Pranzini était sauvé, qu'il n'était pas « tombé en enfer », Thérèse pensait que son âme était encore au Purgatoire, et elle continuait de prier pour ce « premier enfant ». En ce qui concerne ses saints parents, elle est sûre qu'ils sont au Ciel. Au moment de sa première communion, elle retrouve sa Maman vivante en Jésus :

> « L'absence de Maman ne me faisait pas de peine le jour de ma première communion : le Ciel n'était-il pas dans mon âme, et Maman n'y avait-elle pas pris place depuis longtemps ? Ainsi en recevant la visite de Jésus, je recevais aussi celle de ma Mère chérie qui me bénissait se réjouissant de mon bonheur. » (Ms A, 35r°v°)

Enfin, dans les derniers mois de sa vie, Thérèse entrevoit ce que sera sa vie au Ciel. À son frère spirituel Maurice Bellière, elle écrit : « Je désirerai au Ciel la même chose que sur la terre : Aimer Jésus et le faire aimer » (LT 220). Elle développe admirablement cette pensée dans sa dernière lettre au P. Adolphe Roulland, son autre frère spirituel, missionnaire en Chine :

> « Quand vous recevrez cette lettre sans doute j'aurai quitté la terre. Le Seigneur, dans son infinie miséricorde, m'aura ouvert son royaume et je pourrai puiser dans ses trésors pour les prodiguer aux âmes qui me sont chères. Croyez, mon Frère, que votre petite sœur tiendra ses promesses, et qu'avec bonheur son âme, délivrée du poids de l'enveloppe mortelle, volera vers les lointaines régions que vous évangélisez. Ah ! mon frère, je le sens, je vous serai bien plus utile au Ciel que sur la terre et c'est avec bonheur que je viens vous annoncer ma prochaine entrée dans cette bienheureuse cité, sûre que vous partagerez ma joie et remercierez le Seigneur de me donner les moyens de vous aider plus efficacement dans vos œuvres apostoliques. »
>
> Je compte bien ne pas rester inactive au Ciel, mon désir est de travailler encore pour l'Église et les âmes,

je le demande au bon Dieu et je suis certaine qu'Il m'exaucera. Les Anges ne sont-ils pas continuellement occupés de nous sans jamais cesser de voir la Face divine, de se perdre dans l'Océan sans rivages de l'Amour ? Pourquoi Jésus ne me permettrait-Il pas de les imiter ?

Mon Frère, vous voyez que si je quitte déjà le champ de bataille, ce n'est pas avec le désir égoïste de me reposer, la pensée de la béatitude éternelle fait à peine tressaillir mon cœur, depuis longtemps la souffrance est devenue mon Ciel ici-bas et j'ai vraiment du mal à concevoir comment je pourrai m'acclimater dans un Pays où la joie règne sans aucun mélange de tristesse. Il faudra que Jésus transforme mon âme et lui donne la capacité de jouir, autrement je ne pourrai supporter les délices éternelles.

Ce qui m'attire vers la Patrie des Cieux, c'est l'appel du Seigneur, c'est l'espoir de l'aimer enfin comme je l'ai tant désiré et la pensée que je pourrai le faire aimer d'une multitude d'âmes qui le béniront éternellement. (LT 254).

Dans ce très beau texte, Thérèse exprime avec la plus grande exactitude théologique la vérité concernant la vie et l'intercession des saints au Ciel. Séparée de son corps, l'âme immortelle ne vit plus dans l'obscurité de la foi, mais dans la pleine lumière de la vision face-à-face, de la vision béatifique de Dieu en Jésus-Christ. Par Lui, avec Lui et en Lui elle peut connaître et aimer personnellement toutes les âmes pour lesquelles Il a donné sa vie.

P. François-Marie Léthel o.c.d.

Rome

Rubriques

• Patristique

La 7e *Ode de Salomon*

• Repères pour la foi

Tenter Dieu

• Menus Propos

« Seigneur, apprends-nous à prier » (VII)
Prière et vie selon l'Évangile

La 7e Ode de Salomon

Le Christ, « beauté de toute beauté[1] » – Tel se voudrait notre nouveau parcours à travers les textes des Pères qui en tracent le visage presque à chacune de leurs pages. C'est qu'ils ont souvent à le défendre contre les opposants juifs ou païens ou encore contre ces hérésies qui accompagnent les requêtes d'élucidation du mystère chrétien. Aussi, très rapidement, leur écriture prend-elle un ton polémique et une dimension d'argumentation philosophique qui peut oblitérer cette beauté de l'homme-Dieu qu'ils défendent passionnément. C'est pourquoi, empruntant des chemins de traverse, nous recourrons à des textes parfois moins connus, mais qui magnifient jusque dans le style la force d'attraction du Christ.

Comme le rappelle le pape dans l'exhortation *Gaudete et exsultate*, Jésus en nous appelant à la sainteté, nous offre « la vraie vie, le bonheur pour lequel nous avons été créés[2] ». Et la toute première littérature chrétienne est parcourue par cette joie inouïe d'avoir trouvé la voie du bonheur. Notre premier choix portera donc sur un texte qui célèbre d'un même élan poétique le Fils qui se fait semblable à moi et le chant de joie qui lui répond dans la foi. La beauté du Christ s'y reflète dans la pureté de la louange.

Hymne à la joie

1 Telle l'impétuosité de la colère contre l'impiété,
l'impétuosité de la joie vers l'objet aimé…

---

1 Saint Bonaventure, *Sermones dominicales*, 1, 7.

2 Pape François, *Gaudete et exsultate*, n°1.

[2] Ma joie c'est le Seigneur,
et mon élan se porte vers lui.
Belle est ma route vers le Seigneur,
car il est mon soutien[3].

Les *Odes de Salomon* étaient considérées comme perdues jusqu'à ce qu'un manuscrit syriaque en soit découvert au début du XXe siècle. Très anciennes, datant sans doute du milieu du IIe siècle, ces odes de facture poétique très élaborée ont une tournure symbolique qui trahit leur origine syro-palestinienne et leur vocabulaire n'est pas sans évoquer celui de saint Jean. Leur genre littéraire reprend délibérément celui des psalmistes et des auteurs sapientiaux et les allusions scripturaires y sont aussi discrètes que nombreuses. Mais ce qui frappe d'emblée c'est le climat de jubilation qui traverse tout le recueil et dont la *7e Ode* offre un bel exemple.

Loin de la posture du « poète maudit », le poète chrétien sait qu'il n'y a d'expression de sa foi que sous forme de célébration. La joie en est la marque, elle dont le siège est le cœur. Ce n'est pas une joie naïve. L'orant sait bien le mal récurrent du monde et de l'homme ; il connaît « la colère », la révolte peut-être, contre son apparent triomphe. Mais plus « impétueuse » est la joie, puisque l'objet aimé n'est autre que le Seigneur qui a vaincu le mal et la mort. Ce n'est pas là jouissance passive puisque le Seigneur de la joie est encore en avant de l'orant et suscite son élan. La joie ouvre alors une route vers la rencontre désirée, avec la certitude d'y marcher appuyé déjà sur celui que l'on désire. D'où la beauté du chemin…

---

3 Nous suivons ici la version de J. Guireau et A.-G. Hamman (Les Pères dans la foi, n° 97, Migne, 1981) qui est plus simple que la très belle traduction de M.-J. Pierre (*Écrits apocryphes chrétiens*, La Pléïade, 1997).

Les motifs de la joie

L'incarnation

> 3 Il s'est fait connaître à moi dans sa simplicité,
> sa bienveillance a rapetissé sa grandeur,
> 4 il s'est fait semblable à moi pour que je le reçoive,
> il s'est fait semblable à moi pour que je le revête.
> 5 Je n'ai pas été effrayé en le voyant,
> car il est ma miséricorde.
> 6 Il a pris ma nature pour que je le comprenne,
> et ma figure pour que je ne me détourne pas de lui.

Si la joie est centrale dans les *Odes*, le Christ en est la source sans jamais être nommé. Selon qu'Il est le locuteur ou celui dont il est parlé, le poète use sobrement du « je » ou du « il » pour le désigner. S'agit-il d'ailleurs du Père ou du Fils ? Le texte ne le dit pas. Cette précaution de langage qui est révérence face au mystère est aussi subrepticement position théologique, toute proche de l'intuition du poète Jean Grosjean qui connaissait si bien l'univers sémitique : « bien qu'il soit l'autre pour le Père, le Fils est l'unique du Père. Le Fils a beau être un autre pour le Père, il n'est rien d'autre que le Père[4]. »

De nombreuses images disent l'Incarnation dans les *Odes* et nous renvoient à un stade très archaïque de la pensée christologique. Ici, le Verbe se fait chair en « rapetissant sa grandeur », atténuant ainsi sa différence ontologique comme pour s'accommoder à l'homme. L'accent ne porte pas sur l'anéantissement-kénose du Verbe mais sur la bienveillance divine qui désire frayer avec sa créature et s'approche d'elle jusqu'à « prendre son visage ».

---

4 J. Grosjean, *Les Vasistas*, Gallimard, Paris, 2000, p. 90.

Pas plus qu'il n'est nommé, le Christ n'est décrit ni caractérisé. Le poète le reconnaît par les effets sur lui de sa venue : le recevoir (et c'est dans la foi), le revêtir (et c'est au baptême), l'envisager face à face sans peur ni refus (c'est en témoigner au-dehors et en vivre au-dedans). Les *Odes* sont une hymne à la joie du salut.

La connaissance du dessein divin

7 Le Père de la connaissance est le Verbe
de la connaissance.
8 Lui qui a créé la sagesse est plus sage
que ses créatures.
9 Lui qui m'a créé avant que je ne fusse,
il savait ce que je ferais quand j'existerais.
10 À cause de cela il eut pitié
dans son abondante miséricorde,
il m'a accordé que je prie
et que reçoive de son sacrifice.
11 Oui, il est incorruptible,
l'accomplissement des mondes et leur Père.
12 Il lui a donné de leur apprendre qu'ils étaient siens,
pour qu'ils connaissent celui qui les a faits,
et ne s'imaginent pas tirer d'eux leur origine.

L'autre motif d'action de grâces est la connaissance, cette *gnose* partout présente dans les *Odes* mais qui n'a que peu à voir avec le gnosticisme, n'étant que la mise en œuvre de la parole de Jésus : *La vie éternelle est qu'ils te connaissent, toi le seul vrai Dieu, et celui que tu as envoyé*[5]. Elle n'est pas l'objet d'une recherche humaine qui viserait à la conquérir mais le don gracieux de la révélation du Fils.

---

5 Jn 17,3.

La grandeur de celui qui s'est rapetissé est précisément d'être la sagesse de Dieu, sa connaissance, son Verbe: lui seul connaît le Père, c'est son secret[6]. Il est ainsi « le père de la connaissance » et dans sa sagesse omnisciente, il pénètre subtilement tous les êtres pour les faire être et prévoit même leur défaillance ultérieure. Ce thème de la création entremêlé à celui de la connaissance suffit d'ailleurs à écarter toute interprétation gnostique. La Sagesse créatrice constitue le principe et la fin de tout le créé, « l'Alpha et l'Omega[7] », tout à la fois « accomplissement » et « Père » du cosmos. Elle est aussi la source de la miséricorde salvatrice qui accomplit le dessein divin en donnant le Fils.

Par la contemplation de la Sagesse divine, le poète des *Odes* reçoit d'accéder à la *re-connaissance* d'où jaillit avec la joie du cœur le chant des lèvres. Reconnaissance – gratitude puisque la porte de la prière lui fut ouverte par la Croix du Christ très discrètement évoquée: par le « sacrifice » pleinement agréé du Fils, l'homme peut se tourner vers Dieu, le « prier » en osant espérer « recevoir » l'exaucement. Reconnaissance-prise-de-conscience-de-soi car, en se faisant disciple du Fils, l'homme confesse qu'il n'est pas tout-puissant, qu'il ne maîtrise pas son origine. La gnose chrétienne n'est pas pouvoir du savoir mais déprise de soi et remise de soi au Fils.

La voie de la connaissance

Une nouvelle image, celle de la voie, vient alors dynamiser le thème sapientiel de la connaissance en nouant la double contemplation de celui qui se fit « comme moi » et du « Verbe de la connaissance ».

13 Il a ouvert une route à la connaissance,
il l'a élargie, prolongée et conduite à sa perfection.

---

6 Mt 11,27.

7 Ap 1,8.

[14] Il a posé sur elle les empreintes de sa lumière,
elle s'étend des origines jusqu'au terme,
[15] car elle est son œuvre.
Il s'est complu dans le Fils,
[16] à cause de son salut, il possédera l'univers
Et le Très-Haut sera connu par ses saints
[17] pour annoncer à ceux qui chantent
la venue du Seigneur.

Les premières générations chrétiennes aimaient à parler du Christ et de son enseignement comme de « la Voie[8] ». Ici[9], il semble que Dieu en donnant le Fils parachève la voie de la connaissance ouverte à la création par le Verbe et nous en dévoile *la largeur, la longueur, la hauteur et la profondeur*[10].

Mais c'est une voie de connaissance par « les empreintes de lumière » qui en ponctuent et balisent le tracé. L'image de l'empreinte en syriaque conjoint l'idée de la marche, celle du Fils venu en notre chair, « voie vivante » qu'on peut suivre « à la trace », et l'idée de *signes linguistiques*, traces à déchiffrer qui évoquent les Écritures.

Si la catéchèse baptismale des églises judéo-chrétiennes insistait sur l'existence de deux voies entre lesquelles choisir[11], le poète des *Odes* ne parle que d'une Voie unique, celle du Christ, qui seule parcourt la totalité de l'être et en rejoint la fin, le Père ou « Très-Haut ». C'est pourquoi le Père – et nous pensons au Baptême ou à la Transfiguration – « s'est complu dans le Fils » : comme il y a la joie chrétienne du poète des *Odes*, il y a la joie indicible du Père en son Fils…

---

8 Cf. Jn 14,6 ; Ac 9,2. 18,25.26 ; 19,9.23 ; 22,4.

9 Le thème de la Voie est récurrent dans les *Odes* : 6,8 ; 11,3 ; 12,5 ; 22,12 ; 39,11-13…

10 Ep 3,18.

11 Cf. *Didachè* I, 1-2 : « Il y a deux voies, l'une de la vie, l'autre de la mort… » ; *Épître de Barnabé* XVIII-XIX.

Invitatoire à la louange

Voici le tournant du poème : les verbes basculent du passé au futur-subjonctif et le propos des motifs de louer à l'injonction à louer. « La voie de la connaissance rencontre la voix du chantre » dit excellemment M.-J. Pierre[12], comme si le chant de reconnaissance coïncidait avec la marche même du croyant, l'entraînant à la rencontre de Dieu, l'éloignant du mal, qu'il soit haine, envie ou ignorance, accordant les lèvres au cœur et la vie aux lèvres.

Pour qu'ils aillent à sa rencontre
et lui chantent dans la joie
sur la cithare aux nombreuses cordes.
18 Que les voyants sortent au-devant de lui
et devant lui apparaissent.
19 Qu'ils louent le Seigneur pour son amour
parce qu'il est proche et qu'il voit !
20 La haine sera ôtée de la terre
et elle sera submergée avec l'envie.
21 L'ignorance a disparu
car la science du Seigneur est venue.
22 Qu'ils psalmodient, les psalmistes,
la grâce du Seigneur, le Très-Haut
et lui offrent leurs cantiques.
Leur cœur sera comme le jour
et leur chant comme la beauté du Seigneur.
23 Nulle âme ne sera ignorante ou muette
24 car il a donné une bouche à ses créatures
pour ouvrir leur voix afin de le louer.

Est-il besoin de commenter ? L'incandescence du poème parle d'elle-même. Mais la place privilégiée accordée au

12 *Écrits apocryphes chrétiens*, La Pléïade, 1997, p. 688.

chant – ce que la raison théologique oubliera bien vite, à l'exception d'Augustin – appelle notre attention. On le sait, pour la voix humaine, passer du registre parlé au registre chanté ne résulte pas d'une différence anatomique mais d'un usage comme exhaussé, augmenté des possibles de l'instrument vocal, ce qui est déjà une métaphore d'une autre vie, sur-naturelle.

Mais plus que la différence de registre, le poète des *Odes* semble souligner une autre dimension du chant, celle de la mise en accord ou en harmonie de réalités en soi hétérogènes. Le chant qui accompagne la marche ajointe ceux qui ont à s'avancer et Celui vers qui ils avancent (v. 17), le point où je suis sur la voie et d'où je chante, avec le terme de la voie, celui que je chante. Cet accord est amplifié par un autre suggéré par la cithare « aux nombreuses cordes ». Pour le poète, les cordes de la cithare renvoient aux multiples dimensions de l'existence dont l'Esprit Saint vient jouer[13] pour accompagner le chant où s'accordent ainsi énergie divine et potentialités humaines.

Plus subtilement, le chant accorde la voix au voir (v. 18-19) : il donne à ceux qui chantent non pas de voir mais de se faire voir de celui qui voit. Car le chant, en tant qu'expression extérieure du plus intime, est sortie de soi, auto manifestation, à l'encontre du réflexe de se cacher qui fut celui d'Adam dans le jardin. Alors, le Dieu proche, qui s'approche de l'homme depuis toujours mais définitivement en son Fils, peut enfin voir, c'est-à-dire recevoir en grâce celui qui sort à sa rencontre par son chant. Et le chant donnera encore la force de demeurer sous le regard de Dieu : « Car je suis fort de ses louanges[14] » s'écrie plus loin l'auteur des *Odes*.

---

[13] *Ode* 6,1.

[14] *Ode* 16,3-4.

Enfin, le chant va transformer le chanteur en l'accordant jusqu'à l'"appareiller" à l'objet de son chant (v. 22). Dire que le cœur « sera comme le jour » revient à pressentir pour lui une nouvelle création dans la lumière du jour qu'est le Christ[15] et évoquer la beauté du chant en référence à celle de Dieu nous reconduit au mont de la Transfiguration. Le chant accomplit ainsi la parole évangélique que *là où est ton trésor, là aussi sera ton cœur*[16] au point que ce qu'on peut dire du Christ peut être dit du chrétien et que là gît le secret de la joie.

Aussi, en une dernière convocation à la louange, l'auteur n'interpelle plus chantres, voyants ou psalmistes, mais toute âme créée : la louange de l'âme sauvée par la venue du Fils exprime la finalité propre de toute la création.

« Chanter c'est être[17] » a pu écrire Rilke qui ajoutait : « Mais quand sommes-nous ? / Et quand met-Il en nous la terre et les étoiles ? » Dieu seul nous *ouvre* une voie en son Fils et seule la foi peut chanter l'*ouvert* d'un réel que ne barre plus la mort.

25 Confessez sa puissance et publiez sa bonté !
Alleluia !

Sr Marie

Monastère de Langeac

---

15 Jn 8,56.

16 Mt 6,21.

17 RILKE, *Sonnets à Orphée*, 3.

Tenter Dieu

Tenter Dieu est un péché. Dès l'Ancien Testament, Dieu l'interdit (« Vous ne tenterez pas Yhwh votre Dieu, comme vous l'avez tenté à Massa[1]. ») et Jésus lui-même résiste au diable en lui opposant ce commandement[2].

Mais quelles sont les actions que ce commandement interdit ? Un glissement de vocabulaire fait qu'aujourd'hui il est difficile de comprendre en quoi l'homme peut être tentateur envers Dieu. Cette idée peut même sembler saugrenue : comment imaginer qu'on puisse inciter Dieu à pécher ?

C'est pourquoi, pour comprendre ce qu'est tenter Dieu, il nous faut commencer par quelques précisions de vocabulaire. Cela nous permettra de saisir que la tentation est fondamentalement une mise à l'épreuve, même si ce sens originel est éclipsé dans le français courant. Nous pourrons ensuite voir pourquoi tenter Dieu est un péché. Puis nous essayerons de bien cerner ce péché, en distinguant – autant que possible sur des exemples concrets – ce qui est tentation de Dieu et ce qui ne l'est pas.

Précision de vocabulaire : tentation et mise à l'épreuve

En ouvrant la Bible dans une version en langue ancienne, le lecteur français contemporain peut être surpris de voir qu'un seul et même verbe – le verbe *tenter*[3] – est

1 Dt 6,16.

2 Cf. Mt 4,7.

3 Dans la Bible hébraïque c'est le verbe נסה (*nasah*), dans le grec des Septante πειραξω (*peirazo*) et dans le latin de la Vulgate *tempto*.

employé là où les traductions contemporaines distinguent et utilisent, selon le sujet, soit le verbe *tenter*, soit l'expression *mettre à l'épreuve*. Dans la Bible, il n'y a pas que les démons qui tentent : non seulement les hommes tentent leurs semblables, mais la Sainte Écriture nous présente aussi Dieu tentant les hommes et les hommes tentant Dieu[4].

Si cela nous surprend, c'est parce que le sens du verbe *tenter* s'est restreint à *inciter à pécher*. Il nous faut donc retrouver toute son extension. Saint Thomas d'Aquin le définit ainsi : « Tenter, au sens propre du mot, c'est faire une expérience sur un autre. Et, ajoute-t-il, si on agit ainsi, c'est pour découvrir quelque chose à son sujet[5]. » La tentation est donc une expérience, une mise à l'épreuve. Au sens large, la connotation n'est pas forcément mauvaise.

Ce verbe peut avoir pour sujet différentes personnes :

– L'homme tente pour apprendre. Dans le vocabulaire courant, on dit qu'il fait des expériences, qu'il met à l'épreuve. Cela n'est pas forcément en vue de faire le mal : par exemple, pour pouvoir aider quelqu'un il est nécessaire de savoir ce qu'il connaît ou ce qu'il sait faire, c'est pourquoi le professeur tente ses étudiants (au sens large) en leur donnant des examens. Mais, parfois, c'est pour trouver les faiblesses des autres et les exploiter que l'homme tente. À ces moments, il tente comme le fait le diable.

– Car le diable ne tente que pour nuire : s'il fait des expériences, c'est pour savoir quelles sont les faiblesses des hommes et pouvoir ainsi les inciter à pécher. C'est à ce sens

---

[4] Par exemple, pour Dieu tentant l'homme : Gn 22,1 ; Ex 15,25 ; Dt 8,2 ; 13,4 ; Jn 6,6… ; pour l'homme tentant Dieu : Ex 17,7 ; Nb 14,22 ; Dt 6,16 ; Ps 77 (78),18.41 ; Ps 94 (95),9 ; Si 18,23 ; Ml 3,10 ; Mt 22,18 ; He 3,9… ou encore 1 R 10,1, pour l'homme tentant l'homme ; et il y a bien sûr le diable, par exemple en Mt 4,1…

[5] Saint Thomas d'Aquin, *Somme de théologie*, I[a], Q. 114, art. 2, resp.

restreint que la tentation est réduite dans le vocabulaire courant.

– Dieu, lui, n'a pas besoin d'apprendre et il ne veut pas tromper. Il ne tente donc pas au sens restreint et c'est pourquoi saint Jacques peut dire que « Dieu ne tente personne[6] ». Cependant, la Bible dit qu'il tente au sens large, par exemple dans le Deutéronome : « C'est le Seigneur votre Dieu, qui vous tente afin de manifester que vous l'aimez[7]. » C'est une façon de dire qu'il veut faire connaître quelque chose par expérience. Ce n'est pas lui qui cherche à connaître (puisqu'il sait tout), mais il veut que d'autres apprennent en expérimentant. C'est d'ailleurs bien ce que ce verset du Deutéronome dit : c'est Dieu qui tente, mais c'est nous qui expérimentons qu'il nous aime.

Ainsi, la tentation au sens large est une mise à l'épreuve pour que quelqu'un puisse acquérir un nouveau savoir par expérience. En soi, ce n'est pas mauvais, mais cela peut devenir un péché si l'objectif de cette tentation est mauvais.

Tenter Dieu est un péché

Quand on tente Dieu, quelque chose n'est pas droit : puisque tenter c'est faire une expérience pour acquérir un savoir, la tentation suppose une ignorance, ou un doute, qu'on cherche à réduire par une expérience. Mais ignorer ce qui concerne Dieu (et que nous pouvons savoir), ou en douter, est un péché.

Le but de celui qui tente Dieu est de connaître les capacités divines : ce que Dieu sait, ce qu'il veut et ce qu'il peut faire. Normalement, c'est la foi qui permet de savoir cela, mais l'homme qui tente Dieu n'est pas satisfait par cette

---

6 Jc 1,13.

7 Dt 13,4.

connaissance donnée par la foi, comme si elle lui était insuffisante. Cette espèce de doute envers Dieu est une forme d'irrespect, c'est un manque de confiance en sa parole. C'est ce qui est reproché, par exemple, à Zacharie à qui la parole de l'ange lui annonçant la naissance de son fils Jean Baptiste ne suffit pas et qui demande un signe pour en être sûr[8].

Certaines prières peuvent ainsi être une façon de tenter Dieu[9]. Mais c'est surtout par des actions que l'homme tente Dieu, quand son manque de confiance fait qu'il cherche à susciter une action de la part de Dieu, typiquement en n'agissant pas lui-même et en attendant un miracle ou en se mettant dans une situation où un miracle de Dieu est nécessaire, comme s'il lançait un défi à Dieu.

Cette définition de la tentation de Dieu appelle des précisions. En effet, dans la Sainte Écriture et la Tradition, nous pouvons recueillir plusieurs exemples où telles actions sont blâmées comme étant tentation de Dieu alors que d'autres actions qui semblent similaires sont louées : pourquoi quand Gédéon demande un signe, c'est un péché de tentation de Dieu[10], alors qu'on prend en exemple les apôtres demandant à Dieu des signes et prodiges[11], ou les saints qui laissent à la Providence divine le soin de s'occuper de leurs besoins ? Pourquoi Isaïe blâme-t-il le roi Achaz de ne pas demander de signe quand le roi lui dit qu'il ne veut pas tenter Dieu en en demandant un[12] ? Il y a ainsi de subtiles limites à la tentation de Dieu, essayons de les mettre en évidence.

---

[8] Lc 1,11-25.

[9] Ce qui, d'ailleurs, n'empêche pas Dieu d'y répondre parfois, comme on le voit pour Gédéon (Jg 6, notamment les versets 36-40).

[10] Jg 6.

[11] Ac 4,30.

[12] Is 7,10-14.

Se confier à Dieu dans la nécessité n'est pas tenter Dieu

Le principal critère de jugement est celui de la nécessité (ou de l'utilité) : on ne tente pas Dieu quand on lui demande ce qui est nécessaire et qu'on se remet entre ses mains pour cela. Pour bien juger de cette nécessité, il convient d'apprécier ce que Dieu commande et demande à l'homme. La question de la tentation de Dieu est donc étroitement liée à celle la juste prière et de son adéquation avec la Providence divine.

Rappelons-nous bien que la sagesse divine veut que les créatures agissent réellement, avec une certaine autonomie. C'est pourquoi la Providence de Dieu fait en sorte que certaines choses arrivent nécessairement (on pourrait dire *comme Dieu les a programmées*), mais pas toutes : certaines arrivent d'une façon contingente. Il s'agit notamment de tout ce que Dieu a remis au pouvoir des hommes et de leur libre arbitre. Il y a donc des actions que Dieu ne va pas forcer pour que nous puissions les faire nous-mêmes et ce ne serait pas juste de lui demander d'intervenir à notre place.

Dieu donne à l'homme de pouvoir agir par lui-même et il veut qu'il mette en œuvre ce pouvoir autant que cela lui est possible. Cela revient à ne pas demander un miracle quand on peut agir, et à ne pas « omettre de faire ce qu'on peut pour sortir du danger[13]. »

Ce critère de l'utilité ou de la nécessité permet de mieux comprendre les cas limites de tentation de Dieu :

– Ainsi, c'est une forme de tentation de Dieu que le diable propose à Jésus en lui suggérant de se précipiter du

---

13 Saint Thomas d'Aquin, *Somme de théologie*, IIa- IIae, Q. 97, art. 1, *sed contra*. Ce cas est sans doute le paroxysme de la tentation de Dieu et saint Thomas le prend comme une définition de ce péché.

haut du Temple pour que des anges accourent et le sauvent puisqu'il n'y avait pas de nécessité[14].

– De même, certains se demandent si saint Paul n'a pas manqué de confiance en Dieu en s'enfuyant de Damas[15], mais puisqu'il pouvait profiter du secours humain, solliciter le secours miraculeux de Dieu aurait été le tenter.

– C'est aussi ce critère qui est utilisé pour juger de la pertinence de la demande de miracles : « Les saints qui font des miracles par leur prière sont poussés par une nécessité ou une utilité à demander le secours de la puissance divine[16]. »

Une histoire permet de mettre en lumière ce critère : Lors d'une inondation, un homme se retrouve bloqué dans sa maison et l'eau monte. Une barque passe et on lui propose de le prendre, mais il répond : « Non, Dieu viendra à mon secours. » L'eau montant encore, il est obligé de se réfugier sur le toit de sa maison. Les pompiers arrivent en hélicoptère pour le sauver, mais il refuse : « Dieu viendra à mon secours. » Finalement il se noie et, arrivant devant Dieu, il lui reproche de ne pas l'avoir sauvé des eaux. Mais Dieu lui répond : « Tu avais des jambes pour partir avant que l'eau ne monte trop, puis il y a eu une barque et un hélicoptère… que voulais-tu que je fasse de plus ? »

Tenter Dieu en sollicitant son aide à contretemps est une certaine vanité, comme une recherche de l'extraordinaire et du merveilleux uniquement pour la distraction qu'ils apportent.

Les occasions de demander légitimement l'aide de Dieu ne manquent pas. À ces moments, « il nous reste la seule ressource de diriger nos regards vers Dieu[17] » et ce ne sera

---

[14] Cf. Mt 4,5-7.

[15] 2 Co 11,32-33 et Ac 9,30.

[16] Saint Thomas d'Aquin, *Somme de théologie*, IIª- IIªᵉ, Q. 97, art. 1, ad 2ᵘᵐ.

[17] 2 Ch 20,12.

pas le tenter. Au contraire, l'habitude de tenter Dieu peut détourner notre attention de ces vrais domaines de notre vie qui doivent être visités par une grâce spéciale de Dieu.

Chercher à connaître le bon plaisir de Dieu n'est pas tenter Dieu

Ce critère général de l'utilité ou de la nécessité se retrouve dans quelques cas particuliers. Ainsi, parfois, il est possible de demander un signe à Dieu non pas pour éprouver sa puissance ou la vérité de sa parole (ce qui est tenter Dieu), mais pour être informé de la volonté de Dieu dans une situation particulière où elle ne nous semble pas claire. En ce cas on ne tente pas Dieu.

Mais ces situations sont sans doute assez rares. Car, pour ne pas se trouver dans un cas de péché de tentation de Dieu, cela suppose que Dieu n'a pas déjà révélé sa volonté particulière et, surtout, qu'il soit vraiment nécessaire de connaître cette volonté de Dieu.

Dieu veut nous faire expérimenter ses bienfaits

Il est aussi important d'avoir une expérience personnelle des bienfaits de Dieu. Dieu ne veut pas seulement que nous connaissions intellectuellement son amour, mais aussi que nous en ayons une connaissance expérimentale. Lui-même veut que nous ayons des expériences, même petites, du soin qu'il prend de nous. C'est pour cela qu'il aime bien répondre à nos demandes de petits signes (de "clins Dieu") et qu'il nous propose même d'en demander puis de témoigner de son action. Il me semble que c'est pour cela que le roi Achaz est blâmé de ne pas avoir demandé de signe : Dieu voulait donner un signe non seulement pour lui, mais aussi pour le peuple[18].

---

[18] Is 7,10-14.

Vouloir instruire les autres n'est pas tenter Dieu

Cela rejoint un autre cas : parfois, celui qui met à l'épreuve est sûr de la connaissance qu'il cherche à manifester, et il ne tente pas parce qu'il doute, mais parce qu'il désire la rendre manifeste pour les autres. En ce cas-là, cette mise à l'épreuve n'est pas tenter Dieu au sens fort et il n'y a pas de péché. On peut rapprocher ce cas de ce que Dieu fait lui-même : quand il *tente* les hommes, c'est toujours pour leur donner une connaissance d'expérience. C'est pour cela que les apôtres ne tentent pas Dieu quand ils demandent des miracles au Nom de Jésus Christ, puisqu'ils le font pour manifester sa puissance dont ils sont certains[19].

Conclusion

Ces quelques recherches sur la tentation de Dieu permettent donc de mieux comprendre la Providence divine et la place qu'y a la prière. Dans la prière nous exprimons notre dépendance par rapport à la Providence de Dieu. La prière implique de reconnaître les limites de notre action et de savoir que certaines choses dépendent uniquement de la toute-puissance de Dieu.

Mais, justement parce que la Providence divine est connue et qu'elle intègre l'action libre des hommes, le chrétien qui prie ne méprise pas les capacités qu'il a reçues par don de Dieu et il sait que la prière ne supplée pas l'action mais l'accompagne et la prolonge. Cela permet d'avoir une prière juste qui, sans tenter Dieu, se confie en lui.

Fr. Timothée Lagabrielle o.p.

Couvent Saint-Thomas-d'Aquin de Toulouse

---

[19] Ac 4,29-30.

« Seigneur, apprends-nous à prier... » (VII)

Prière et vie selon l'Évangile

« Pourquoi m'appelez-vous “Seigneur, Seigneur”, et ne faites-vous pas ce que je dis ? » (Lc 6,46)

La prière pour être authentique ne doit pas se payer de mots et se réduire à d'ardentes incantations ou de pieuses aspirations déconnectées d'un engagement dans le réel. L'interpellation du Seigneur Jésus rapportée par saint Luc au chapitre sixième de son évangile fait écho aux paroles des prophètes exhortant à la conversion du cœur. On se souvient en particulier de l'oracle du prophète Jérémie invitant le peuple saint à ne pas faire de la présence du Seigneur en son sein une fausse sécurité. Si l'oraison peut être vue comme un sanctuaire de Dieu au cœur de nos journées et de notre vie, il faut bien comprendre que nous ne pourrons pas véritablement demeurer dans ce temple intérieur si nos actions dans la vie quotidienne ne correspondent pas à la sainteté de ce lieu.

« Ainsi parle le Seigneur Sabaot, le Dieu d'Israël : Améliorez vos voies et vos œuvres et je vous ferai demeurer en ce lieu. Ne vous fiez pas aux paroles mensongères : “C'est le sanctuaire du Seigneur, le sanctuaire du Seigneur, le sanctuaire du Seigneur !” Mais si vous améliorez réellement vos voies et vos œuvres, si vous avez un vrai souci du droit, chacun avec son prochain, si vous n'opprimez pas l'étranger, l'orphelin et la veuve, si vous ne répandez pas le sang innocent en ce lieu et si vous n'allez pas, pour votre malheur, à la suite d'autres dieux, alors je vous ferai demeurer en ce lieu, dans le pays que j'ai donné à vos pères depuis toujours et pour toujours. Mais voici que vous vous fiez à des paroles mensongères, à ce qui est vain. Quoi ! Voler, tuer, commettre l'adultère, se parjurer, encenser Baal, suivre des dieux étrangers que vous ne connaissez pas, puis venir se présenter devant moi en ce Temple qui porte mon nom, et dire : "Nous voilà en sûreté !" pour continuer toutes ces abominations ! » (Jr 7,3-10)

Il y a donc ici un point essentiel pour notre chemin d'oraison qui est celui de l'unité de vie. La prière n'est pas un « à-côté » de la vie quotidienne, une sorte de pieux hobby qui apparaîtrait comme une parenthèse dans la monotonie des jours, une évasion loin des drames de l'existence. Sommes-nous assez conscients aujourd'hui des exigences concrètes de cette cohérence entre vie et prière ? Il nous semble que la question se pose d'autant plus qu'apparaissent partout autour de nous des pratiques « spirituelles » totalement déconnectées de la conversion de vie, de la recherche de la volonté de Dieu, de l'union à notre Créateur et Rédempteur.

Actualité du Chemin de perfection

Toutes les formes de « méditation de pleine conscience », très en vogue jusque dans le monde de l'entreprise et de l'école, peuvent, de loin, ressembler à l'oraison chrétienne, en particulier dans sa forme carmélitaine de simplicité, de présence à Dieu et à soi-même. Mais il est clair que leur caractère sécularisé et leur inspiration bouddhiste font que la ressemblance est purement superficielle. Nous ne nous arrêterons pas ici sur cette question[1] mais nous voulons au moins l'accueillir comme un défi. Pour cela, il nous semble

[1] Un prochain dossier de la revue *Carmel* abordera ce défi et cherchera à apporter des éléments de discernement puisés dans la tradition carmélitaine.

que sainte Thérèse de Jésus, déjà confrontée à des formes déviantes d'illuminisme spirituel, a su proposer un chemin sûr et authentiquement chrétien. Il suffit pour cela d'évoquer les grandes lignes de son traité pédagogique fondamental : *Le chemin de perfection*.

Dans ce maître-livre que toute âme d'oraison aura profit à reprendre régulièrement, il nous semble que la sainte procède en trois étapes pour nous prémunir contre une pratique faussée de la prière intérieure.

Une prière apostolique

Première étape : la sainte nous replace devant le sens apostolique de la prière en enracinant sa réforme du Carmel dans le terreau des besoins spirituels de l'Église et du monde de son temps. D'emblée, elle inscrit donc le priant dans la communion de l'Église, dans le dessein de salut de Dieu. Elle évoque aussi tout au long de son livre les offenses subies par le Christ, notamment dans les profanations du sacrement de l'Eucharistie. Elle se lamente sur la déchirure du corps ecclésial et sur les attaques contre la foi. Dans ce cadre marqué au coin de l'urgence (« Le monde est en feu ! »), il ne saurait être question de voir et de pratiquer la prière comme un simple moment de repos, de concentration, de pure présence à soi. Non ! pour elle la prière va viser à transformer le priant pour en faire un ami du Bon Jésus, un collaborateur de l'œuvre du salut et de l'évangélisation, selon les modalités propres à son état de vie. La fin de l'oraison est vraiment la sainteté du chrétien, et par lui, la sanctification du monde.

Oraison contemplative et pratiques des vertus

La deuxième étape est aussi typique de l'approche de la sainte. Avant de commencer son « école d'oraison », avant d'expliquer ce qu'est la prière contemplative et comment la mettre en œuvre concrètement, sainte Thérèse présente la nécessité absolue du travail des vertus. Elle s'arrête particulièrement sur les trois vertus de l'amour fraternel, du détachement et de l'humilité. Elle s'intéresse donc d'abord au priant avant d'en venir à la prière. Le priant, s'il veut vraiment être transformé par la prière et être introduit dans la contemplation surnaturelle, doit se rendre disponible à l'œuvre de Dieu. Certes, le don de la contemplation surnaturelle est un don toujours absolument gratuit, précise régulièrement sainte Thérèse. Mais ce don, pour être reçu de manière féconde, appelle aussi une terre bien préparée. De plus, comme le don ne saurait en aucun moment être exigé, il convient, dans une humble patience, de travailler la terre de son humanité en s'appuyant sur la puissance de la grâce amplement versée déjà par le baptême.

> « Je veux maintenant vous dire ce que c'est que l'oraison mentale, car il se peut que quelques-unes d'entre vous ne le comprennent pas, et plaise à Dieu que nous la pratiquions comme nous le devrions ; mais j'ai peur aussi qu'on ait du mal à la pratiquer, si on ne recherche pas les vertus ; elles sont nécessaires, mais à un moindre degré que pour la contemplation. Je précise que le Roi de Gloire ne viendra point dans notre âme, il ne s'unira pas à elle, si nous ne nous efforçons d'acquérir les grandes vertus. » (*Chemin de perfection* 16,6)

La question de la pratique des vertus n'est pas qu'une affaire de disposition, elle tient aussi à la cohérence, à l'unité de la vie et à la fructification du don reçu dans la prière. Il est ainsi très frappant de voir sainte Thérèse revenir à la nécessité des vertus à la toute fin de son Château intérieur, au moment même où elle décrit les sommets de la vie mystique. Certes les vertus sont maintenant toutes pénétrées de la force et de la lumière communiquées par la contemplation. Elles n'en restent pas moins toujours d'actualité !

« Je répète qu'il faut pour cela que vos fondations ne portent pas seulement sur la prière et la contemplation, car si vous ne recherchez pas les vertus, si vous ne vous exercez pas à les pratiquer, vous ne serez jamais que des naines; et même plaise à Dieu qu'il ne s'agisse que de ne pas grandir, vous savez que celui qui ne croît pas décroît; et j'estime impossible que l'amour là où il est, se contente d'être toujours le même. » (7es *Demeures* 4,9)

Entrer dans la prière du Seigneur

Dans la troisième étape, après avoir rappelé l'importance des vertus, sainte Thérèse pourra proposer son « école d'oraison » au moyen d'un commentaire suivi de la prière du *Notre Père*. Celle-ci nous décentre de nous-mêmes en nous faisant entrer dans la prière du Seigneur. Toute tissée de louange et de demandes, elle nous fait quitter nos préoccupations basses et égoïstes pour nous lancer à la recherche de la gloire de Dieu, pour nous inviter à faire toujours plus nôtre la volonté du Père, pour aspirer après le don de l'Eucharistie. Forts de cette nourriture céleste, nous pourrons entrer dans toute l'épaisseur de la vie chrétienne par le pardon des offenses, le combat spirituel et la délivrance vis-à-vis de l'emprise du Malin.

Sainteté et charité

Cette unité de vie que nous évoquons nous invite en fait à un continuel va-et-vient entre prière et vie quotidienne. Si le travail des vertus est nécessaire pour l'âme qui entre dans la vie d'oraison, il est encore plus clair que la prière sera le levier le plus efficace pour progresser dans la sainteté de vie. Pour cela il nous faut demander la grâce de toujours grandir dans la charité. C'est en effet la vertu théologale de charité (Dieu aimé pour lui-même; les autres, comme nous-mêmes, aimés à cause de Dieu, en vue de Dieu) qui va pénétrer, illuminer, renforcer la pratique de chaque vertu. Or c'est bien dans les (longs) temps de contemplation du Seigneur que la tradition carmélitaine nous invite à laisser cette vertu théologale, véritable don de Dieu, nous remplir et nous transformer.

Il s'agit en fait par là de passer d'une pratique extérieure, formelle des œuvres de la vie chrétienne à une véritable communion intérieure et transformante à la volonté de Dieu. De bonnes habitudes acquises peuvent nous permettre de poser de nombreuses belles et bonnes actions, mais si elles ne sont pas profondément enracinées dans l'amour de charité théologale, elles n'ont en fait que l'apparence de la perfection chrétienne, elles risquent de n'être que l'expression de notre fond naturel. Pour cette raison, l'authentique sainteté demande que sans cesse nous replongions notre cœur dans le feu de l'amour divin, que nous orientions nos intentions dans le seul but d'honorer et de servir le Seigneur.

Ce qui compte, c'est de continuer à cheminer...

Le lecteur aura bien compris que cette relation essentielle entre vie et prière ne doit pas nous arrêter en chemin. Il ne s'agit pas d'attendre d'être parfait pour commencer à faire oraison, ni d'avoir été enrichi par tous les dons contemplatifs pour se mettre au service du prochain. Bien au contraire, c'est à la manière d'une marche, avec son alternance d'équilibre et de déséquilibre, qu'on passera d'un pôle à l'autre en attendant que le Seigneur, par le don de la contemplation apostolique, ait unifié en nous toutes les puissances d'amour et d'action. Laissons pour conclure la parole à sainte Thérèse de Jésus qui manifeste bien ce réalisme du chemin chrétien et nous invite tout à la fois à la conversion de vie et à une humble et persévérante prière :

« Il ne m'est guère utile de vivre très recueillie dans la solitude, d'agir avec Notre-Seigneur, de proposer et promettre de réaliser des merveilles à son service si, aussitôt sortie de là, à la moindre occasion, je fais tout le contraire. En disant que ça n'est guère utile, je me suis mal exprimée, car tout le temps qu'on passe avec Dieu est fort utile, et ces résolutions, même si nous sommes ensuite trop faibles pour les accomplir, Sa Majesté nous donnera un jour ou l'autre le moyen de les respecter, même malgré nous, comme c'est souvent le cas ; car lorsque le Seigneur voit qu'une âme est fort lâche, il lui impose une très lourde épreuve, contre sa volonté, mais dont elle tire grand avantage ; par la suite, l'âme qui a compris cela perd toute crainte de s'offrir à Lui plus généreusement. J'ai voulu dire que c'est peu de chose, en comparaison de ce qu'on obtient quand les œuvres sont conformes aux actes et aux paroles ; et celle qui n'y parviendrait pas d'un seul coup doit chercher à y arriver peu à peu… » (7es *Demeures* 4,7)

(*à suivre*)

Philippe de Jésus-Marie, o.c.d.

Toulouse

Numéros anciens de *Vives Flammes*

à nouveau disponibles aux Éditions du Carmel

- n° 270 Dossier **La volonté de Dieu**	6,00 €
- n° 272 Dossier **La communion des saints**	6,00 €
- n° 273 Dossier **La douceur**	6,00 €
- n° 274 Dossier **Le Père**	6,00 €
- n° 275 Dossier **L'appel**	6,00 €
- n° 276 Dossier **Le renoncement**	6,00 €
- n° 277 Dossier **La bonté**	6,00 €
- n° 278 Dossier **La conversion**	6,00 €
- n° 279 Dossier **L'intercession**	6,00 €
- n° 280 Dossier **Le désir du Ciel**	6,00 €
- n° 281 Dossier **Le silence**	6,00 €
- n° 290 Dossier **Le don de la foi**	7,00 €

à commander aux Éditions du Carmel,

33 avenue Jean Rieux, 31500 Toulouse

05 62 47 16 86 - editions.carmel@wanadoo.fr

ou sur www.editionsducarmel.com

ou chez votre libraire habituel

Lors du routage de ce numéro de *Vives Flammes :*

- un encart publicitaire est joint à l'exemplaire de la revue, pour tous les abonnés
- un supplément est ajouté pour les abonnés membres du Carmel séculier de France-Sud